自定裁剪区 P23

视频路径：视频\第2章\2.1.2自定裁剪区.mp4

裁剪倾斜图片 P25

视频路径：视频\第2章\2.1.4 裁剪倾斜图片.mp4

使用"色阶"调整 P27

视频路径：视频\第2章\2.2.1\1使用"色阶"调整.mp4

使用"亮度/对比度"调整 P30

视频路径：视频\第2章\2.2.1\3使用"亮度/对比度"调整.mp4

处理色彩暗淡的照片 P31

视频路径：视频\第2章\2.2.2处理色彩暗淡的照片.mp4

使用"自动颜色"校正 P32

视频路径：视频\第2章\2.2.3\1使用"自动颜色"校正.mp4

使用"色阶"校正 P34

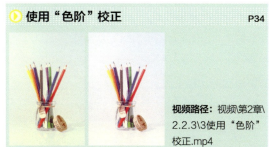

视频路径：视频\第2章\2.2.3\3使用"色阶"校正.mp4

内容识别填充 P36

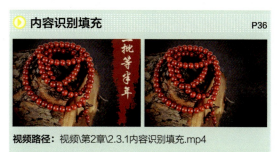

视频路径：视频\第2章\2.3.1内容识别填充.mp4

仿制图章工具 P39

视频路径：视频\第2章\2.3.3仿制图章工具.mp4

简单背景抠图 P41

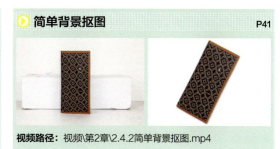

视频路径：视频\第2章\2.4.2简单背景抠图.mp4

复杂图形抠图 P44

视频路径：视频\第2章\2.4.3复杂图形抠图.mp4

毛发抠图 P48

视频路径：视频\第2章\2.4.4 毛发抠图.mp4

图层关系替换背景 P50

视频路径：视频\第2章\2.4.5图层关系替换背景.mp4

合成详情展示图 P52

视频路径：视频\第2章\2.5.1合成详情展示图.mp4

合成主图 P54

视频路径：视频\第2章\2.5.2合成主图.mp4

水印与商品图合成 P57

视频路径：视频\第2章\2.5.3水印与商品图合成.mp4

合成商品系列展示图 P58

视频路径：视频\第2章\2.5.4合成商品系列展示图.mp4

Logo设计制作 P67

视频路径：视频\第3章\3.1.2Logo设计制作.mp4

▶ 直通车图制作　　　　　　　　　　P78

视频路径：视频\第3章\3.3.1直通车图制作.mp4

▶ 钻展图制作　　　　　　　　　　P83

视频路径：视频\第3章\3.3.2钻展图制作.mp4

▶ 聚划算图制作　　　　　　　　　P87

视频路径：视频\第3章\3.3.3聚划算图制作.mp4

▶ 添加字幕与音频　　　　　　　　P109

视频路径：视频\第4章\4.3.1 5添加字幕与音频.mp4

▶ 店招和导航装修　　　　　　　　P136

视频路径：视频\第5章\5.3.3\1制作效果图.mp4

▶ 海报图制作　　　　　　　　　　P145

视频路径：视频\第5章\5.4.2 海报图制作.mp4

▶ 个性展示区　　　　　　　　　　P154

视频路径：视频\第5章\5.5.4个性展示区.mp4

▶ 分类引导设计　　　　　　　　　P158

视频路径：视频\第5章\5.6 分类引导设计.mp4

页尾的制作与装修　　P162

视频路径：视频\第5章\5.7.2 页尾的制作与装修.mp4

全屏固定背景　　P170

视频路径：视频\第5章\5.8.2\4 全屏固定背景.mp4

焦点图设计　　P192

视频路径：视频\第7章\7.2.3焦点图的设计.mp4

热点与链接　　P215

视频路径：视频\第8章\8.2.2热点与链接.mp4

纵向平铺背景　　P168

视频路径：视频\第5章\5.8.2\3 纵向平铺背景.mp4

店招的设计　　P190

视频路径：视频\第7章\7.2.2店招的设计.mp4

优惠券设计　　P195

视频路径：视频\第7章\7.2.4优惠券设计.mp4

源代码装修　　P216

视频路径：视频\第8章\8.3源代码装修.mp4

淘宝美工全攻略

图片优化 + 视频制作 + 首页设计+ 详页展示 + 手机淘宝

麓山文化◎编著

人民邮电出版社
北京

图书在版编目（ＣＩＰ）数据

淘宝美工全攻略：图片优化+视频制作+首页设计+详页展示+手机淘宝 / 麓山文化编著. -- 北京：人民邮电出版社，2016.2（2024.7重印）
ISBN 978-7-115-41400-7

Ⅰ. ①淘… Ⅱ. ①麓… Ⅲ. ①电子商务—网页制作工具 Ⅳ. ①F713.36②TP393.092

中国版本图书馆CIP数据核字(2015)第314667号

内 容 提 要

本书是一本帮助淘宝美工学习网店装修及视觉设计的书。从零基础出发，通过理论结合实例的形式，以通俗易懂的语言，讲解了淘宝美工需要掌握的各方面知识，同时涵盖了网店装修涉及的所有知识。

本书共 8 章，第 1 章讲解淘宝美工需要掌握的基础知识；第 2 章~第 4 章通过淘宝商品图美化、淘宝店铺图设计和淘宝视频制作等内容讲解淘宝店铺图片与视频的处理；第 5 章~第 7 章讲解淘宝全店装修中的首页视觉设计、详情页视觉设计与手机淘宝视觉设计；第 8 章讲解淘宝店铺中的代码及简单的源代码装修，以满足美工的基本需求。

为了方便读者学习，本书提供了操作实例的教学视频，同时，赠送近千款实用素材，包括页面背景、图标、店招及装修常用代码等，方便随时调用，真正物超所值。

本书适合淘宝店主和淘宝美工学习使用，也适合作为相关培训机构和职业院校相关专业的参考教程。

◆ 编　著　麓山文化
责任编辑　张丹阳
责任印制　陈　犇

◆ 人民邮电出版社出版发行　北京市丰台区成寿寺路 11 号
邮编　100164　电子邮件　315@ptpress.com.cn
网址　http://www.ptpress.com.cn
北京捷迅佳彩印刷有限公司印刷

◆ 开本：700×1000　1/16
印张：14　　彩插：2
字数：367 千字　　2016 年 2 月第 1 版
　　　　　　　　2024 年 7 月北京第 39 次印刷

定价：45.00 元
读者服务热线：(010)81055410　印装质量热线：(010)81055316
反盗版热线：(010)81055315
广告经营许可证：京东市监广登字 20170147 号

前言

在网络购物中，顾客都只能通过文字和图片来了解商家和产品，因此视觉传达效果的好坏将直接影响顾客对店铺和商品的认知感和信任感，甚至还对品牌形象的树立起决定性的作用。但是视觉设计并不是让美工美化店铺那么简单，还需要系统化的思考。本书是一本有关淘宝网店视觉设计的装修教程，全面深入地讲解了网店视觉化设计的知识，帮助读者综合掌握视觉设计理论知识和操作技能，提高综合设计素质。

本书内容

本书是一本帮助淘宝美工学习视觉设计的书籍。全书共8章，第1章以讲解基础知识引入淘宝美工的内容，第2章~第4章通过淘宝商品图美化、淘宝店铺图设计和淘宝视频制作讲解淘宝店铺图片与视频的处理。第5章~第7章讲解淘宝全店装修中的首页视觉设计、详情页视觉设计与手机淘宝视觉设计。第8章讲解淘宝店铺中的代码及简单的源代码装修，以满足美工的基本需求。

本书特色

1. 案例丰富、图文并茂

本书选用了大量的案例，叙述清晰，内容实用，使读者能够在实际操作中加深理解和掌握网店视觉设计的相关知识，做到学以致用、举一反三。

2. 经验传授、技巧解答

本书在实例讲解中穿插了技巧提示，将店铺装修的常见技巧与操作经验传授给读者。掌握并活用这些技巧，能在店铺装修中更加得心应手。

3. 视频教学、全程辅导

本书附赠配套资源，扫描封底"资源下载"二维码即可获得下载方法，其中收录了书中所有实例的讲解视频，以成倍提高读者的学习兴趣和效率。资源除了包括书中所有实例的素材及源文件，还赠送了大量的装修素材，方便读者的参考与操作练习。

本书适合读者

本书不仅适合作为淘宝店主和淘宝美工自学或提高的教程，也适合作为培训机构和职业院校相关专业的参考教程。

创作团队

本书由麓山文化组织编写，具体参加编写与资料整理的有：陈志民、李红萍、陈云香、陈文香、陈军云、彭斌全、林小群、钟睦、张小雪、罗超、李雨旦、孙志丹、何辉、彭蔓、梅文、毛琼健、刘里锋、朱海涛、李红术、马梅桂、胡丹、何荣、张静玲和舒琳博等。

由于作者水平有限，书中错误、疏漏之处在所难免。在感谢您选择本书的同时，也希望您能够把对本书的意见和建议告诉我们。

联系邮箱：lushanbook@qq.com

读者群：327209040

编者

目 录

第 1 章
淘宝美工不得不知

1.1 什么是淘宝美工 ·················· 8
    1.1.1 淘宝美工的定义 ··············· 8
    1.1.2 美工必备知识 ················· 8

1.2 美工文案策划 ·················· 12
    1.2.1 为什么要做文案 ·············· 12
    1.2.2 文案的前期准备 ·············· 13
    1.2.3 文案怎样写 ·················· 13
    1.2.4 哪里需要文案 ················ 14

1.3 店内文案布局 ·················· 15
    1.3.1 首页文案布局 ················ 15
    1.3.2 详情页文案布局 ·············· 17
    1.3.3 活动文案 ···················· 19

1.4 店外文案 ······················· 20

第 2 章
淘宝商品图美化

2.1 淘宝图片裁剪 ·················· 22
    2.1.1 淘宝店铺常见尺寸 ············ 22
    2.1.2 自定裁剪区 ·················· 23
    2.1.3 按尺寸裁剪 ·················· 24
    2.1.4 裁剪倾斜图片 ················ 25

2.2 商品图调色处理 ················ 27
    2.2.1 处理偏暗的图片 ·············· 27
    2.2.2 处理色彩暗淡的照片 ·········· 31
    2.2.3 处理偏色的图片 ·············· 32

2.3 淘宝图片污点处理 ·············· 36
    2.3.1 内容识别填充 ················ 36
    2.3.2 污点修复画笔工具 ············ 38
    2.3.3 仿制图章工具 ················ 39

2.4 多种抠图技巧 ·················· 40
    2.4.1 规则形状抠图 ················ 40
    2.4.2 简单背景抠图 ················ 41
    2.4.3 复杂图形抠图 ················ 44
    2.4.4 毛发抠图 ···················· 48
    2.4.5 图层关系替换背景 ············ 50

2.5 场景图合成 ···················· 52
    2.5.1 合成详情展示图 ·············· 52
    2.5.2 合成主图 ···················· 54
    2.5.3 水印与商品图合成 ············ 57
    2.5.4 合成商品系列展示图 ·········· 58

第 3 章
淘宝店铺图设计

3.1 店铺Logo设计 ················· 66
    3.1.1 Logo设计要领 ··············· 66
    3.1.2 Logo设计制作 ··············· 67
    3.1.3 设置Logo为水印 ············· 70

3.2 店标设计 ······················· 71
    3.2.1 店标分类 ···················· 71
    3.2.2 静态店标设计制作 ············ 72
    3.2.3 动态店标设计制作 ············ 75
    3.2.4 上传店标至店铺 ·············· 77

3.3 活动图制作 ···················· 78
    3.3.1 直通车图制作 ················ 78
    3.3.2 钻展图制作 ·················· 82
    3.3.3 聚划算图制作 ················ 85

第 4 章 淘宝视频制作

4.1 视频拍摄 ························ 92
- 4.1.1 淘宝商品拍摄流程 ················ 92
- 4.1.2 视频构图的基本原则 ·············· 93
- 4.1.3 景别与角度 ······················ 95

4.2 认识会声会影 ···················· 99
- 4.2.1 会声会影工作界面 ················ 99
- 4.2.2 视频制作流程 ··················· 103

4.3 淘宝视频制作 ··················· 104
- 4.3.1 9s主图视频制作 ················· 104
- 4.3.2 详情页视频制作 ················· 112
- 4.3.3 为视频添加Logo ················ 114
- 4.3.4 为视频配音 ···················· 116

4.4 上传与应用视频 ················· 117
- 4.4.1 上传视频到淘宝 ················· 117
- 4.4.2 主图视频的应用 ················· 118

第 5 章 店铺首页视觉设计

5.1 首页布局 ······················· 120
- 5.1.1 布局的视觉设计要点 ············· 120
- 5.1.2 布局首页 ······················ 123

5.2 店招的设计 ····················· 126
- 5.2.1 店招的视觉要点 ················· 126
- 5.2.2 店招制作 ······················ 127
- 5.2.3 装修店招 ······················ 128
- 5.2.4 页头背景制作与装修 ············· 129

5.3 导航的设计 ····················· 132
- 5.3.1 导航的视觉要点 ················· 132
- 5.3.2 导航的装修 ···················· 133
- 5.3.3 店招和导航装修 ················· 136

5.4 首页海报/轮播图设计 ············ 143
- 5.4.1 海报的视觉要点 ················· 143
- 5.4.2 海报图制作 ···················· 145
- 5.4.3 全屏海报图装修 ················· 148
- 5.4.4 全屏轮播图装修 ················· 149

5.5 宝贝陈列展示区设计 ············· 150
- 5.5.1 宝贝陈列展示的视觉要点 ········· 150
- 5.5.2 宝贝推荐模块设置 ··············· 151
- 5.5.3 自定义展示区制作 ··············· 152
- 5.5.4 个性展示区 ···················· 154

5.6 分类引导设计 ··················· 158

5.7 店铺页尾设计 ··················· 161
- 5.7.1 页尾的视觉要点 ················· 161
- 5.7.2 页尾的制作与装修 ··············· 162

5.8 首页其他装修 ··················· 164
- 5.8.1 添加收藏链接 ·················· 164
- 5.8.2 页面背景 ······················ 166

第 6 章 详情页视觉设计

6.1 详情页设计 ····················· 172
- 6.1.1 详情页分析 ···················· 172
- 6.1.2 设计要点 ······················ 173
- 6.1.3 制作流程 ······················ 178

6.2 "神笔"详情页装修 ············· 179
- 6.2.1 使用详情页模板 ················· 179
- 6.2.2 自定义模板制作详情页 ··········· 181

6.3 设置详情直达导航 ··············· 184

目 录

第 7 章 手机淘宝视觉设计

7.1 手机淘宝 ······················ 188
    7.1.1 手机端与电脑端的区别 ········ 188
    7.1.2 手机店铺装修要点 ············ 188

7.2 手机淘宝首页装修 ············ 189
    7.2.1 首页模块的使用 ·············· 189
    7.2.2 店招的设计 ·················· 190
    7.2.3 焦点图设计 ·················· 192
    7.2.4 优惠券设计 ·················· 195
    7.2.5 分类图设计 ·················· 198
    7.2.6 首页备份 ···················· 199

7.3 手机详情页装修 ·············· 200
    7.3.1 导入电脑端详情 ·············· 200
    7.3.2 模板生成详情 ················ 201

7.4 手机店铺其他装修 ············ 203
    7.4.1 自定义菜单 ·················· 203
    7.4.2 手机海报 ···················· 205
    7.4.3 自定义页面装修 ·············· 207

第 8 章 店铺中的代码

8.1 Photoshop切片 ················ 210
    8.1.1 切片的作用与技巧 ············ 210
    8.1.2 切片与优化存储 ·············· 210

8.2 Dreamweaver的使用 ·········· 212
    8.2.1 切片生成代码 ················ 212
    8.2.2 热点与链接 ·················· 215

8.3 源代码装修 ··················· 216

8.4 获取淘宝常见链接代码 ········ 218
    8.4.1 "宝贝"链接 ················· 218
    8.4.2 "图片"链接 ················· 219
    8.4.3 "购物车"链接 ··············· 219
    8.4.4 "分享"链接 ················· 220
    8.4.5 "评论"链接 ················· 221
    8.4.6 "喜欢"链接 ················· 222
    8.4.7 客服"旺旺"链接 ············ 223
    8.4.8 店铺ID的获取 ················ 224
    8.4.9 商品ID的获取 ················ 224

第 **1** 章

淘宝美工不得不知

淘宝视觉营销是店铺运营中非常重要的环节，所谓视觉营销就是以营销为目的，对店铺进行视觉设计与装修，淘宝美工作为这一过程的执行者，必须掌握相关的知识。

1.1 什么是淘宝美工

淘宝美工是随着淘宝的发展而产生的，它和传统的美工有着很大的区别。

1.1.1 淘宝美工的定义

美工一般是指对平面、色彩、构图和创意等进行处理的职业，传统的美工指平面美工和网页美工等。而淘宝美工是随着淘宝发展而新生的职业，主要的工作是对淘宝网店商品、页面和广告进行美化，在给消费者更好的视觉体验的同时，达到引导销售和提高销售额的目的。

1.1.2 美工必备知识

作为淘宝美工，必须掌握淘宝装修的相关知识。

1. 图像分辨率

图像分辨率是指图像中存储的信息量，是每英寸图像内有多少个像素点，分辨率决定了位图图像细节的精细程度。通常情况下，图像的分辨率越高，成像尺寸越大，图像就越清晰，如图1-1所示。图像分辨率的表达方式为"水平像素数×垂直像素数"，分辨率的单位为像素（px）。

4992像素×3320像素

621像素×411像素

图1-1 不同分辨率的图像拍摄效果对比

2. 文件格式

图像的格式有很多种，常用的有JPEG、PNG和GIF等。下面在Photoshop中分别介绍这几种图像格式。

在Photoshop中制作完图片后，执行"文件"|"存储为"命令，如图1-2所示。打开对话框，在保存类型下包含了多种图像格式，如图1-3所示。

图1-2 执行"文件"|"存储为"命令　　　图1-3 保存类型

建议在存储图片前先将图片存储为PSD格式，以便下次修改，然后对于需要用到的图片，另存为其他图片格式。

上面这种方法可以存储多种格式的图片。对于淘宝美工而言，还需要了解一种更加重要的存储方法，即存储为Web所用格式。这种方法能根据网页使用目的对不同区域图像做特别优化。

执行"文件"|"存储为Web所用格式"命令，如图1-4所示。弹出对话框，在右侧的"优化的文件格式"下包含了5种格式，如图1-5所示。

图1-4 执行"文件"|"存储为Web所用格式"命令

图1-5 优化的文件格式

下面分别对GIF、JPEG和PNG格式进行介绍，第5种格式WBMP在淘宝装修中用得很少，因此这里不做讲解。

- **GIF格式：**一般用于存储动态图片，且GIF格式支持透明度及交错显示，如图1-6所示。所谓交错显示，是指图像在加载的过程中，可以展示图像的大致轮廓，然后随着加载的继续，逐渐清晰显示图像的细节，直至加载完成后完全显示图像。但GIF格式有个极大的缺点，它最多只支持256色，如图1-7所示。

图1-6 透明度与交错

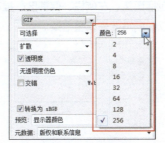

图1-7 支持颜色

- **JPEG格式：**JPEG是最常用的图像格式，它在获取极高的压缩率的同时能展示十分丰富、生动的图像，大多数有丰富的细节和色彩的图片都会使用JPEG格式，JPEG格式不支持透明度。在"存储为Web所用格式"对话框中可以设置JPEG格式品质的高低与参数，如图1-8所示。品质越低，压缩越严重。

- **PNG-8/PNG-24格式：**PNG是一种无损压缩的图像格式，在保证图像质量的同时还可以减小体积。PNG格式汲取了GIF和JPEG二者的优点，它既支持透明度，又可以支持较多的颜色，如图1-9所示。PNG-8可以显示28种颜色，PNG-24可以显示224种颜色。

图1-8 JPEG品质　　　　　　　图1-9 PNG格式

3. 软件知识

淘宝美工必须掌握一些设计类的软件。

- **图像编辑软件：** 拍摄商品时，会因为各种原因导致照片不够美观，不能很好地体现产品优点。因此，拍摄完成后还需要进行一定的编辑，图像编辑软件比较多，常用的有美图秀秀和Photoshop，专业的人员可以选择Photoshop，而新手则可以选择美图秀秀，它相比Photoshop而言，操作更简单。
- **网页编辑软件：** 网店的动态页面装修会使用到网页编辑软件，常用的网页编辑软件为Dreamweaver。
- **视频编辑软件：** 淘宝店铺支持主图视频、首页和详情页添加视频。以影音动态呈现宝贝，可以有效地在短时间内提升买家对商品的认知和了解程度。视频的制作与编辑则会用到视频编辑软件，常用的为会声会影，它简单易学，且功能强大，在后面章节中会进行具体的介绍。

4. 淘宝网店组成认识

淘宝店铺主要是由店铺首页、店铺列表页和店铺详情页等多个页面组成的。

- **店铺首页：** 店铺首页就是打开域名的第一页，是整个店铺索引和展示宝贝的地方。首页的基本框架包括页头、左侧栏、促销区、推荐宝贝和页尾等几个板块，如图1-10所示。在装修时，可以根据需要来调整框架。

图1-10 店铺首页的板块

- **列表页**：列表页就是单击某一类别宝贝而打开的展示店铺此类目宝贝的页面，如图1-11所示。每一个类目打开的列表页下的宝贝不同，这也是我们需要明确分类的原因。

图1-11 某店铺列表页

- **详情页**：详情页就是单击某一宝贝而打开的展示此宝贝所有相关信息的页面，图1-12所示为"茵曼"某宝贝的详情页。每个宝贝的详情页都不同。

图1-12 某宝贝详情页

5. 了解网店装修流程

淘宝美工在开始对店铺进行装修设计前，需要先了解整个工作流程。

- **风格规划**：根据店铺品牌特色、风格或活动主题进行装修规划是第一步，如端午节和周年庆等不同的主题所策划的方向会不同。
- **素材准备**：规划后就是素材的准备，包括广告图、产品图、视频及其他相关素材。
- **图片\视频美化处理**：使用图片处理软件对产品图进行美化处理；制作广告图、首页或详情图；使用会声会影对视频进行剪辑输出等。
- **切片并生成代码**：使用Photoshop对制作的效果图进行切片，优化后存储为图片和代码。
- **上传图片到空间**：将存储的图片上传到淘宝图片空间。
- **添加热点或链接**：使用Dreamweaver打开图片或代码，为图片添加热点或为代码修改链接等。
- **装修到店铺**：将代码装修到店铺中。

6. 了解网店配色

色彩搭配是树立网店形象的关键，一个网店的颜色主要包括主色、辅助色与点缀色，通过这些颜色的合理搭配，给人一种和谐、愉快的感觉。

- **主色**：占用面积最大，最受瞩目的色彩一般就是主色，主色决定的是整个店铺的风格走向，其配色要比辅助色更清楚、更强烈。
- **辅助色**：辅助色是指辅助或者补充主体色的色彩，在整体画面中起到平衡主色的冲击效果和减轻主色对观看者产生的视觉疲劳度的作用，有一定的视觉分散效果。辅助色还可以起到渲染的作用，帮助主色建立完整的形象，使页面丰富多彩。辅助色可以是一种颜色，也可以是几种颜色，但要注意保持与基本色的协调关系，例如，使用黑暗色调主体色的时候，最好运用明亮的色彩作为辅助色。
- **点缀色**：点缀色是指在色彩组合中占据面积较小，但视觉效果比较醒目的颜色，作用如我们搭配服饰时常用来做修饰点缀的丝巾和胸针等。点缀色是相对主色而言的，一般情况下，它比较鲜艳、饱和，有画龙点睛的作用。主色调和点缀色形成对比，主次分明，富有变化。

1.2 美工文案策划

众所周知，淘宝店铺中的促销活动，新品上架这些都是需要文字说明的。一个好的广告图关键之处在于文字，文字能表达卖点，使买家能一目了然，这就是淘宝文案。在大品牌店铺中，文案是单独的一个职位，而在中小店铺中，美工与文案是没有区分开来的。

1.2.1 为什么要做文案

到底为什么要做文案呢？下面进行简单介绍。

1. 图文并茂，突出卖点

淘宝上的买卖靠的是图片与文字来说明产品，没有文字的图片无法完整表达商品的特色和卖点；而没有图片的文字则无法吸引买家。因此，两者缺一不可。

2. 有效精准地抓住买家

优秀的文案能有效地吸引浏览者，精准地抓住买家。好的文案相当于一名优秀的导购员，不仅能很好地介绍商品，还能降低买家的咨询量。

3. 增加品牌力度

以详情页为例，没有文字阐述的详情，就好像商品没有灵魂。而对于大卖家来说，专业的文案无疑是增加品牌的力度的重要手段。

1.2.2 文案的前期准备

文案不是信手拈来的，一个好的文案需要做足准备。

1. 了解产品信息

对产品的基本信息进行了解是写文案的前提条件，从产品的特色、人群定位、材质和卖点出发，可以找到文案关键字。

2. 了解同行信息

了解同行商品信息，可以参考他们的文案，根据其主要卖点，找到自己商品的特色或与众不同之处，进行文案的策划。

3. 商品图准备

根据相关的节日和活动收集商品图、广告图或其他素材图。

1.2.3 文案怎样写

一个优秀的文案需要考虑很多方面，下面进行介绍。

1. 文案的受众

所谓受众就是指信息传播的接收者。写文案前必须弄清文案所瞄准的目标人群。可以将目标市场进行细分。通过淘宝指数可以了解该商品的具体消费人群，如图1-13所示。

图1-13 淘宝指数

2. 文案的目标

写文案的目的是营销，这点是毋庸置疑的。除此之外，文案还可以提高品牌知名度，加深买家对店铺或品牌的印象。

3. 文案的主题

文案的主题有两个方面，一方面是产品的特点，通过简单的词汇表达出主题信息，以满足消费者的需求，如图1-14所示。另一方面是折扣与利益，如图1-15所示，以促销信息吸引消费者。

图1-14 产品特点

图1-15 折扣与利益

4. 文案的视觉表现

文案的主题有了，那以何种形式放置于图片上呢？这就涉及了文案的视觉表现，以字体、颜色和粗细来表达文案的主题，突出重点，如图1-16所示。

图1-16 文案的视觉表现

1.2.4 哪里需要文案

文案是展示产品特点和卖点的主要途径，在淘宝不同的图上，需要不同的文案。

1. 店内页面

店内页面包括店铺首页、详情页和活动页等，如图1-17所示。这些页面的文案是为了给顾客提供良好的购物体验，包括活动的说明、产品的说明和店铺的说明等。

第 1 章　淘宝美工不得不知

图1-17　店内页面

2. 店外促销广告

店外的文案，如钻展和直通车等，如图1-18所示。以精简的文案吸引浏览者，获得点击量。

图1-18　店外文案

1.3　店内文案布局

店内页面包括首页、详情页和自定义页面，这些页面的文案重点在于提升和转化，从而改善购物体验。

1.3.1　首页文案布局

首页是一个店铺专业与特色的体现之处。一个首页通常由很多模块组成，而不同的位置的文案也不同。

1. 页头

页头是店铺的顶部，包含了店招与导航部分。
- **店招**：店铺名/品牌名、标语、收藏、活动信息和优惠券信息等，如图1-19所示。
- **导航**：导航菜单以热门产品分类、主推产品和热门搜索为主。

图1-19 店招

2. 页中

页中包括首焦、优惠活动、分类导航、主推产品以及产品展示区等。

- **首焦**：首焦也就是首屏的大海报或轮播海报，根据店铺的活动来确定不同的文案，如图1-20所示。
- **优惠活动**：优惠券信息和活动信息，如图1-21所示。

图1-20 首焦

图1-21 优惠活动

- **分类导航**：主推导航和产品分类导航名称，如图1-22所示。
- **主推产品**：主推产品小海报广告语，包括活动主题和促销信息等。
- **产品展示区**：根据不同类别展示产品，产品名、价格和购买按钮要突出显示，如图1-23所示。

图1-22 分类导航

图1-23 产品展示区

3. 页尾

页尾文案主要有店铺Logo、标语、客服、返回首页、收藏和分类导航等，如图1-24所示。

图1-24 页尾

1.3.2 详情页文案布局

详情页的好坏,在很大程度上决定了成交量。详情页的文案目标只有一个,就是吸引买家浏览下去,一步步引导消费者进行购买,这个过程包含了以下几步。

1. 留住买家

详情页文案的第1步就是留住买家,可以通过3个途径实现。

● **活动**:通过活动折扣来吸引并留住买家是最常见的方法,如图1-25所示。

图1-25 活动折扣

● **产品卖点**:尽可能地挖掘产品的卖点,将商品特色全部展示出来,以引起买家的注意,如图1-26所示。

图1-26 产品卖点

- **戳中买家痛点：** 产品卖点正是用于解决什么问题，这个问题也就是买家的痛点，如"皮肤出现细纹""头发干枯黄"等文案，如图1-27所示。

图1-27 戳中买家痛点

2. 提升兴趣

文案描述出本产品能解决前面提到的问题和烦恼，提高买家兴趣，如图1-28所示。

图1-28 提高兴趣

3. 刺激欲望

商品细节、商品优势和效果图等，从各方面展示商品的效果，刺激客户的购买欲望，如图1-29所示。

图1-29 刺激欲望

4. 消除顾虑

展示品牌文化、权威认证和无理由退换货等，打消顾客心中疑虑，如图1-30所示。

图1-30 打消顾虑

1.3.3 活动文案

从吸引买家注意到点击购买，活动文案都起到了不可取代的作用。

1. 节日

重大的节日，如情人节、圣诞节和中秋节等，活动文案根据节日的不同来制定，如图1-31所示。

图1-31 节日文案

2. 淘宝活动

淘宝热门活动，如年终大促、双11和天猫上新等，如图1-32所示。

3. 店铺活动与促销

店铺的周年庆和新品促销等，以店铺活动来刺激消费者下单，如图1-33所示。

图1-32 淘宝活动文案

图1-33 店铺活动与促销

1.4 店外文案

店外文案无非是钻展、直通车图和聚划算等。店外文案的作用就吸引买家从而获得点击量。

1. 卖点文案

用产品卖点来吸引消费者,尽量使用简单的语句将卖点阐述,使目标客户看到文案后,立刻就能找到购买这个商品的理由,如图1-34所示。

图1-34 卖点文案

2. 痛点营销文案

与前面提到的店内营销中的戳中买家痛点有着异曲同工之处,通过痛点来吸引买家,如图1-35所示。

图1-35 痛点营销文案

3. 活动促销文案

利用促销信息抓住消费者,刺激消费者点击购买,从而提升店铺或产品的销量。为了营造氛围,将字体进行加粗加大处理或使用突出鲜明的颜色,来形成冲击力和紧迫感,以及渲染超值的感觉,如图1-36所示。

图1-36 活动营销文案

第2章

淘宝商品图美化

对商品图进行裁剪、调色和合成等美化操作，使其能更好地展示商品，这是淘宝美工的基本工作之一，也是淘宝店铺视觉装修的基础。

2.1 淘宝图片裁剪

无论是自己拍摄商品图，还是从网络上获取的素材图，应用到淘宝店铺之前都需要将其裁剪到合适的大小。

2.1.1 淘宝店铺常见尺寸

淘宝店铺不同位置的图片尺寸要求也不同，当图片尺寸过大时会被裁剪，而图片尺寸过小时则会在周围留下空白，或自动平铺。

在装修店铺过程中，上传不同区域的图片会显示相应的建议尺寸、大小和要求，如图2-1所示。

宝贝图片尺寸的要求　　　　　　　　店铺标志尺寸要求

图2-1 不同的尺寸要求

淘宝店铺中常用图片尺寸及文件大小如下。这里尺寸对应的是淘宝集市店铺。

	图片尺寸（宽×高）	文件大小	备注
宝贝主图	700像素×700像素以上（建议800像素×1200像素）	不超过500KB	
店招图	950像素×120像素	不限	
店招+导航	950像素×150像素		导航高度为30像素
首焦/轮播图	950像素×（100~600）像素		其他宽度突破950像素轮播图的尺寸自定，一般有1440像素和1920像素
页头/页面背景图	不限	200 KB以内	
店标	建议80像素×80像素	80 KB以内	
旺旺头像	最佳尺寸120像素×120像素	不超过10MB	

2.1.2 自定裁剪区

为了突出主体或者表现细节，可以在原本的大图中裁剪出合适的范围。

> 视频路径：视频\第2章\2.1.2自定裁剪区.mp4
> 知 识 点：裁剪细节图

步骤 01 启动Photoshop，按Ctrl+O组合键打开素材图片，如图2-2所示。
步骤 02 使用缩放工具，单击选项栏中的"100%"按钮，将其放大到100%，如图2-3所示。

图2-2 打开素材图片

图2-3 单击按钮

步骤 03 使用裁剪工具，则选项栏中默认为按"比例"裁剪，若不是默认选项，需要将其设置为"比例"选项，如图2-4所示。
步骤 04 在图像上单击并拖动鼠标，拖出一个裁剪范围，如图2-5所示。

图2-4 设置为"比例"选项

图2-5 拖出裁剪范围

步骤 05 拖动边框线可以继续调整裁剪框的大小，如图2-6所示。
步骤 06 按Enter键确定裁剪，裁剪效果如图2-7所示。

图2-6 拖动边框线

图2-7 裁剪效果

2.1.3 按尺寸裁剪

由于不同图片的尺寸要求，因此在选择图片时需要将其裁剪为需要的大小。本实例将一张全屏图裁剪为宽度为950像素的海报。

> 视频路径｜视频\第2章\2.1.3按尺寸裁剪.mp4
> 知 识 点｜按尺寸裁剪

步骤 01 启动Photoshop，按Ctrl+O组合键弹出"打开"对话框，选择图片，单击"打开"按钮，如图2-8所示。

步骤 02 打开图片后如图2-9所示。

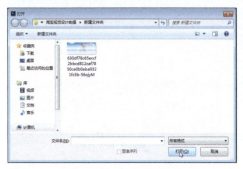
图2-8 单击"打开"按钮

图2-9 打开图片

步骤 03 执行"图像"|"图像大小"命令，如图2-10所示。

步骤 04 在打开的对话框中显示了图片的尺寸，如图2-11所示

图2-10 执行"图像"|"图像大小"命令

图2-11 图片尺寸

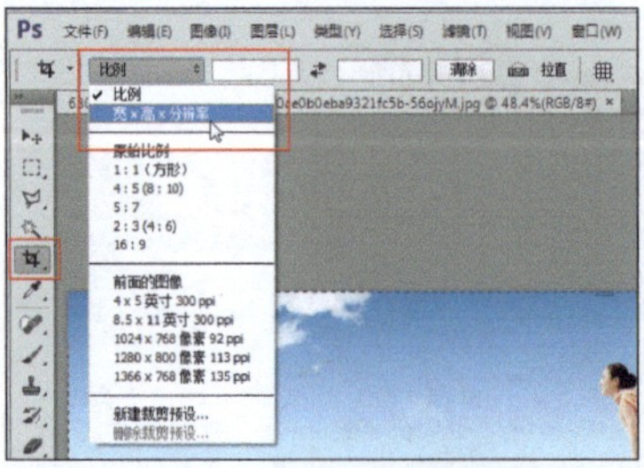

步骤 05 使用工具箱中的裁剪工具，然后在选项栏中单击"比例"按钮，在下拉列表中选择"宽×高×分辨率"选项，如图2-12所示。

步骤 06 在右侧输入需要的尺寸数值，如图2-13所示。

图2-12 选择"宽×高×分辨率"选项

图2-13 输入数值

步骤07 此时图像上自动显示裁剪框,拖动裁剪框到合适的位置,如图2-14所示。
步骤08 在裁剪框中双击鼠标或按Enter键即可确定裁剪,裁剪后如图2-15所示。

图2-14 调整裁剪框位置

图2-15 裁剪后

2.1.4 裁剪倾斜图片

在拍摄商品时,为了操作方便可能会将相机倾斜拍摄,因此拍摄出的照片也会出现倾斜的问题,这时可以使用Photoshop对其进行调整,图2-16所示为调整前后的对比效果。

图2-16 调整前后的对比效果

> 视频路径:视频\第2章\2.1.4 裁剪倾斜图片.mp4
> 知识点:使用裁剪工具拉直倾斜图片

步骤01 启动Photoshop,打开素材图片,如图2-17所示。
步骤02 使用工具箱中的裁剪工具,在选项栏中单击"拉直"按钮,如图2-18所示。

图2-17 打开素材图片

图2-18 单击"拉直"按钮

步骤 03 在图片上根据产品瓶身拉出参考线，如图2-19所示。
步骤 04 此时，自动在图片上显示出裁剪区域，如图2-20所示。

 参考线是以照片中的物体为参照的，可以是垂直线，也可以是水平线。

图2-19 拉出参考线

图2-20 显示出裁剪区域

步骤 05 调整裁剪框，使之显示出产品所有部分，按Enter键确定，如图2-21所示。
步骤 06 设置前景色为白色，使用油漆桶为透明区域填充白色，如图2-22所示。

图2-21 确定调整

图2-22 填充

步骤 07 使用套索工具，选中左下角和右下角缺角的区域，如图2-23所示。
步骤 08 按Delete键，弹出"填充"对话框，如图2-24所示。

图2-23 选中区域

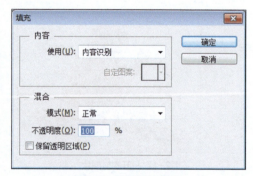

图2-24 "填充"对话框

26

按Shift键可以加选选区，按Alt键可以从选区减去。

步骤09 单击"确定"按钮，完成效果如图2-25所示。

图2-25 完成效果

2.2 商品图调色处理

　　由于拍摄的光线和设备等外在因素的影响，多数非专业摄影师拍出的照片与实际商品有偏差，这时就需要将拍摄的商品照进行调色处理，使之更接近真实的商品颜色。

2.2.1 处理偏暗的图片

　　如果拍摄照片时光线不足，会导致照片色彩黯淡和主体不突出等问题，不能很好地展示宝贝的效果，因此需要对它进行亮度的调整。

1. 使用"色阶"调整

　　在"色阶"中能很好地看出阴影、中间调和高光的分布情况，这是对图像亮度调整的一个常用方法，图2-26所示为调整前后的对比效果。

图2-26 调整前后的对比效果

> 视频路径 | 视频\第2章\2.2.1\1使用"色阶"调整.mp4
> 知 识 点 | 使用"色阶"调整偏暗的照片

步骤01 启动Photoshop，按Ctrl+O组合键打开素材图片，如图2-27所示，观察发现图像偏暗。

步骤02 单击"图层"面板下方的"创建新的填充或调整图层"按钮，在展开的列表中选择"色阶"选项，如图2-28所示。

图2-27 打开素材图片　　　　　　图2-28 选择"色阶"选项

步骤03 打开面板，需要调整图2-29所示的3个滑块。

步骤04 边调整边预览效果，调整后如图2-30所示。

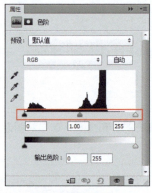
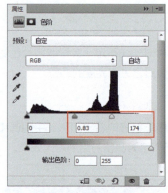

图2-29 调整滑块　　　　　　图2-30 调整后效果

步骤05 最终效果如图2-31所示。

图2-31 最终效果

2. 使用"曲线"调整

"曲线"也是常用的调整亮度的方法之一,下面介绍具体操作步骤,图2-32所示为调整前后的对比效果。

图2-32 调整前后的对比效果

> 视频路径:视频\第2章\2.2.1\2使用"曲线"调整.mp4
> 知 识 点:使用"曲线"调整偏暗的照片

步骤01 启动Photoshop,按Ctrl+O组合键打开素材图片,如图2-33所示。

步骤02 按Ctrl+J组合键复制背景图,单击"图层"面板底部的"创建新的填充或调整图层"按钮,在弹出的快捷菜单中选择"曲线"选项,如图2-34所示。

图2-33 打开素材图片   图2-34 选择"曲线"选项

步骤03 在打开的面板中调整曲线,如图2-35所示。

步骤04 调整后图像的效果如图2-36所示。

图2-35 调整曲线   图2-36 调整后图像效果

3. 使用"亮度/对比度"调整

对于整体呈灰度，颜色明暗不明显的图像，使用"亮度/对比度"调整是最好的方法。图2-37所示为调整前后的对比效果。

图2-37 调整前后的对比效果

> 视频路径：视频\第2章\2.2.1\3使用"亮度/对比度"调整.mp4
> 知 识 点：使用"亮度/对比度"调整偏暗的照片

步骤01 启动Photoshop，按Ctrl+O组合键打开素材图片，如图2-38所示。

步骤02 按Ctrl+J组合键复制背景图，单击"图层"面板底部的"创建新的填充或调整图层"按钮，在弹出的快捷菜单中选择"亮度/对比度"选项，如图2-39所示。

图2-38 打开素材图片　　　图2-39 选择"亮度/对比度"选项

步骤03 在打开的面板中调整亮度和对比度的参数，如图2-40所示。

步骤04 调整后图像的效果如图2-41所示。

图2-40 调整参数　　　　　图2-41 调整图像效果

2.2.2 处理色彩暗淡的照片

当拍摄出的图像颜色过于暗淡，与实际不符时，就需要将其调整到更自然的颜色，图2-42所示为原图与调整后的对比效果。

图2-42 原图与调整后的对比效果

- 视频路径：视频\第2章\2.2.2处理色彩暗淡的照片.mp4
- 知 识 点：使用"色相/饱和度"处理色彩暗淡的照片

步骤 01 启动Photoshop，打开素材图，如图2-43所示。

步骤 02 在"图层"面板底部单击"创建新的填充或调整图层"按钮，在展开的列表中选择"色相/饱和度"选项，如图2-44所示。

图2-43 打开素材图　　　图2-44 选择"色相/饱和度"选项

步骤 03 在弹出的面板中调整饱和度和亮度参数，如图2-45所示。

步骤 04 调整后的图像如图2-46所示。

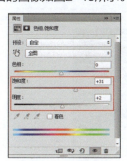 

图2-45 调整参数　　　图2-46 调整后的图像

2.2.3 处理偏色的图片

由于受拍摄天气和环境等因素的影响，拍摄出的照片可能会出现偏色的情况，偏色的照片不能很好地体现原宝贝的颜色，因此需要将其校正到正常颜色。

1. 使用"自动颜色"校正

使用"自动颜色"命令能自动校正偏色照片，图2-47所示为调整前后的对比效果。

> 视频路径：视频\第2章\2.2.3\1使用"自动颜色"校正.mp4
> 知识点：使用"自动颜色"校正偏色照片

图2-47 调整前后的对比效果

步骤01 启动Photoshop，按Ctrl+O组合键打开素材图片，如图2-48所示，观察发现照片整体偏黄色。

步骤02 按Ctrl+J组合键复制背景图层，执行"图像"|"自动颜色"命令，如图2-49所示。

图2-48 打开素材图片　　　　　图2-49 执行"图像"|"自动颜色"命令

步骤03 此时照片校正到正常颜色，如图2-50所示。

图2-50 校正到正常颜色

2. 使用"曲线"校正

对于偏蓝、绿、红色的照片可以使用"曲线"命令校正，图2-51所示为校正前后的对比效果。

> 视频路径：视频\第2章\2.2.3\2使用"曲线"校正.mp4
> 知 识 点：使用"曲线"校正偏色照片

图2-51 校正前后的对比效果

步骤 01 启动Photoshop，按Ctrl+O组合键打开素材图片，如图2-52所示，观察发现素材图整体偏绿。

步骤 02 按Ctrl+J组合键复制背景图层。单击"创建新的填充或调整图层"按钮，在弹出的快捷菜单中选择"曲线"选项，如图2-53所示。

图2-52 打开素材图片　　　　图2-53 选择"曲线"选项

步骤 03 在打开的面板中选择"绿"通道，如图2-54所示。

步骤 04 在曲线图中单击并调整曲线，如图2-55所示。

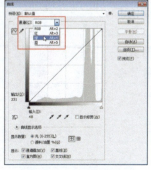 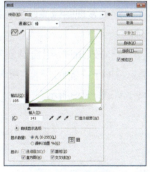

图2-54 调整绿通道曲线　　　图2-55 调整曲线

33

步骤05 调整后的图像效果如图2-56所示。

图2-56 调整后的图像效果

3. 使用"色阶"校正

"色阶"命令根据RGB通道的分布来分析哪个通道需要校正，图2-57所示为校正前后的对比效果。

图2-57 校正前后的对比效果

- 视频路径： 视频\第2章\2.2.3\3使用"色阶"校正.mp4
- 知 识 点： 使用"色阶"校正偏色照片

步骤01 启动Photoshop，按Ctrl+O组合键打开素材图片，如图2-58所示。观察发现图像偏蓝色，需要校正颜色。

步骤02 按Ctrl+J组合键复制背景图层。执行"窗口"|"直方图"命令，如图2-59所示。

图2-58 打开素材图片　　图2-59 执行"窗口"|"直方图"命令

步骤 03 打开"直方图"面板,单击右上角的按钮,在弹出的列表中选择"全部通道视图"选项,如图2-60所示。

步骤 04 选择"用原色显示通道"选项,如图2-61所示。

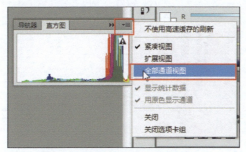 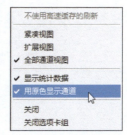

图2-60 选择"全部通道视图"选项　　图2-61 选择"用原色显示通道"选项

步骤 05 此时可以看到直方图中的3个通道,如图2-62所示,需要调整3个通道使其大致对齐,才能使图像颜色恢复。

步骤 06 在"图层"面板中单击底部的"创建新的填充或调整图层"按钮,在弹出的快捷菜单中选择"色阶"选项,如图2-63所示。

步骤 07 在打开的面板中选择"红"通道,如图2-64所示。

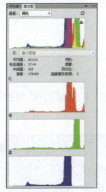  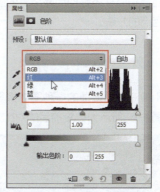

图2-62 直方图　　图2-63 选择"色阶"选项　　图2-64 选择"红"通道

步骤 08 调整红色通道的滑块,使直方图中的红色通道向右移动,与绿色通道大致对齐,如图2-65所示。

步骤 09 此时,蓝色通道略微偏左,因此还需要略微调整蓝色通道,如图2-66所示

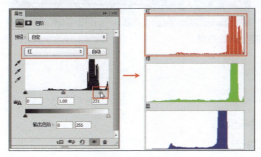 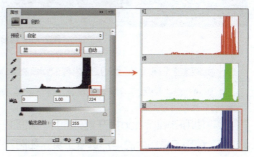

图2-65 图像效果　　　　　　　　　　　图2-66 调整滑块

步骤10 最终效果如图2-67所示。

图2-67 最终效果

2.3 淘宝图片污点处理

无论是自己拍照,还是使用网络上的图片,都经常会遇到照片上有污点的情况,下面介绍几种处理照片污点的方法。

2.3.1 内容识别填充

内容识别填充是很便捷的一种图像修复方法,程序会根据选择的区域周围的图像对选区进行识别填充。图2-68所示为修复前后的对比效果。

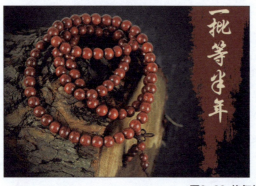 

图2-68 修复前后的对比效果

- 视频路径:视频\第2章\2.3.1内容识别填充.mp4
- 知 识 点:使用"内容识别填充"修复图像

步骤01 使用Photoshop打开素材图片,如图2-69所示。
步骤02 使用工具箱中的矩形选框工具,如图2-70所示。

第 **2** 章 淘宝商品图美化

图2-69 打开素材

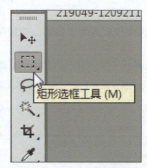

图2-70 使用矩形选框工具

步骤 03 在图像上单击并拖动鼠标，框选出需要修复的区域，如图2-71所示。
步骤 04 按Delete键，弹出"填充"对话框，此时的"使用"为"内容识别"，如图2-72所示。

图2-71 框选

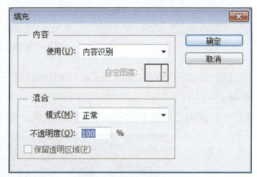

图2-72 内容识别

 当前图层不是背景图层时，按Delete键不会弹出"填充"对话框，这时可按Shift+F5组合键调出。

步骤 05 单击"确定"按钮，此时选框中的图像被修复，如图2-73所示。
步骤 06 按Ctrl+D组合键取消选区，查看效果。部分区域还需要进行二次修复，重复前面的步骤，完成的最终效果如图2-74所示。

图2-73 图像被修复

图2-74 最终效果

37

2.3.2 污点修复画笔工具

使用污点修复画笔工具可以修复简单的污点，图2-75所示为修复前后的对比效果。

> 视频路径：视频\第2章\2.3.2污点修复画笔工具.mp4
> 知 识 点：使用污点修复画笔工具修复图像

图2-75 修复前后的对比效果

步骤 01 启动Photoshop，按Ctrl+O组合键打开素材图片，如图2-76所示，需要将图片中的文字去除。

步骤 02 使用工具箱中的污点修复画笔工具，如图2-77所示。

图2-76 打开素材　　　　　　图2-77 使用污点修复画笔工具

步骤 03 按键盘上的中括号【和】调整画笔大小，如图2-78所示。

步骤 04 在需要修复的文字上，单击并拖动鼠标，如图2-79所示。

图2-78 调整画笔大小　　　　　图2-79 拖动鼠标

步骤 05 释放鼠标即可修复图像，如图2-80所示。

图2-80 修复图像

2.3.3 仿制图章工具

仿制图章工具是最常用的修复图像的工具，图2-81所示为使用仿制图章工具修复前后的对比效果。

图2-81 修复前后的对比效果

> ◎ 视频路径：视频\第2章\2.3.3仿制图章工具.mp4
> ✎ 知 识 点：使用仿制图章工具修复图像

步骤 01 启动Photoshop，按Ctrl+O组合键打开素材图片，如图2-82所示，需要将图片中的文字去除。

步骤 02 使用工具箱中的仿制图章工具，如图2-83所示。

图2-82 打开素材图片　　　图2-83 使用仿制图章工具

步骤 03 按Alt键并在文字周围的图像上单击鼠标取样，如图2-84所示。

步骤 04 取样后在文字上单击，如图2-85所示。

图2-84 单击鼠标取样

图2-85 拖动鼠标

步骤 05 依次在周围取样并修复，修复后的效果如图2-86所示。

图2-86 修复后的效果

2.4 多种抠图技巧

抠图是指将需要的主体从背景中抠出来。对于不同的照片可以选择不同的抠图方法。

2.4.1 规则形状抠图

对规则的形状，如矩形、圆形和多边形等图形可以使用相应的工具抠图，如图2-87所示。

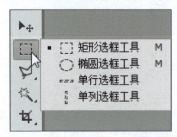
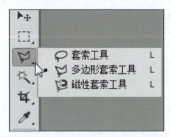

图2-87 抠图工具

下面介绍使用多边形套索工具抠图。

- 视频路径：视频\第2章\2.4.1规则形状抠图.mp4
- 知 识 点：使用多边形套索工具抠图

步骤01 启动Photoshop，打开素材图片，如图2-88所示。
步骤02 使用工具箱中的多边形套索工具，沿着产品边缘单击鼠标，如图2-89所示。

图2-88 打开素材图片

图2-89 沿着产品边缘单击

步骤03 闭合路径后，自动添加选区，如图2-90所示。
步骤04 按Ctrl+J组合键将选区的图片复制到新的图层，隐藏背景层，抠出的效果如图2-91所示。

图2-90 自动添加选区

图2-91 抠出的效果

2.4.2 简单背景抠图

使用魔棒工具能去除较为简单的背景，如纯色和相近色的背景。图2-92所示为本实例去除背景前后的对比效果。

图2-92 去除背景前后的对比效果

> 视频路径：视频\第2章\2.4.2简单背景抠图.mp4
> 知 识 点：使用魔棒工具抠图

步骤 01 启动Photoshop，执行"文件"|"打开"命令，打开素材图片，如图2-93所示。
步骤 02 按Ctrl+J组合键复制背景图层，使用工具箱中的魔棒工具，如图2-94所示。

图2-93 打开素材图片

图2-94 使用魔棒工具

步骤 03 在选项栏中设置容差为30，如图2-95所示。
步骤 04 在图片背景上单击鼠标，载入选区，如图2-96所示。

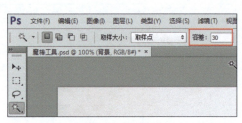

图2-95 设置容差

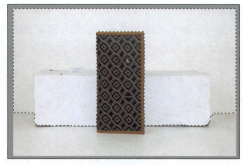

图2-96 载入选区

> **提示** 若背景与主体颜色相差大，则设置较大的容差；若背景与主体颜色相近，则设置较小的容差。

步骤 05 按Shift键加选，或在选项栏中单击"添加到选区"按钮，如图2-97所示。
步骤 06 在图像的背景上继续单击鼠标，将所有的背景载入选区，如图2-98所示。

图2-97 单击"添加到选区"按钮

图2-98 载入背景

提示 如果多选了,按住Alt键,或单击选项栏中的"从选区减去"按钮,从选区减去多选的区域即可。

步骤07 按Ctrl+Shift+I组合键将选区反向,如图2-99所示。

步骤08 在图像上单击鼠标右键,执行"调整边缘"命令,如图2-100所示。

图2-99 选区反向　　　　　　　　　图2-100 执行"调整边缘"命令

步骤09 在弹出的"调整边缘"对话框中设置"平滑"参数,并设置输出到"新建图层",如图2-101所示。

步骤10 单击"确定"按钮图像即被抠出,且保存到新建的图层中,如图2-102所示。

图2-101 调整边缘　　　　　　　　　图2-102 抠出图像

步骤11 在"图层"面板中新建"图层2"图层,并调整到"图层1"图层下方,如图2-103所示。

步骤12 设置背景色为白色,按Ctrl+Delete组合键填充背景色。选择"图层1"图层,单击"图层"面板底部的"添加图层样式"按钮,如图2-104所示。

图2-103 新建图层　　　图2-104 单击"添加图层样式"按钮

步骤 13 在弹出的菜单中选择"投影"选项，如图2-105所示。

步骤 14 打开对话框，设置投影的各项参数，如图2-106所示。

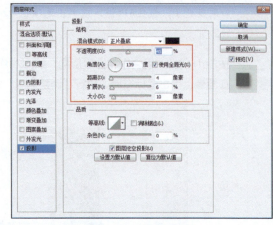

图2-105 选择"投影"选项　　　　图2-106 设置各项参数

步骤 15 单击"确定"按钮，添加投影的效果，如图2-107所示。

步骤 16 按Ctrl+T组合键自由变换，旋转图片，如图2-108所示。

步骤 17 按Enter键确定变形，最终图像效果如图2-109所示。

图2-107 投影效果　　　图2-108 旋转图片　　　图2-109 最终图像

2.4.3 复杂图形抠图

对于背景比较复杂，主体与背景颜色不分明的图像则需要使用钢笔工具进行抠取。图2-110所示为使用钢笔工具去除并替换背景的前后效果。

图2-110 去除并替换背景的前后效果

第 **2** 章　淘宝商品图美化

◉ 视频路径：视频\第2章\2.4.3复杂图形抠图.mp4
✎ 知 识 点：使用钢笔工具抠图

步骤 01　启动Photoshop，执行"文件"|"打开"命令，打开素材图片，如图2-111所示。

步骤 02　按Ctrl+J组合键复制背景图层，使用工具箱中的钢笔工具，如图2-112所示。

图2-111　打开素材图片　　　图2-112　使用钢笔工具

步骤 03　在人物周围依次单击并拖动鼠标，创建路径，起点与终点结合即完成路径绘制，如图2-113所示。

步骤 04　按Ctrl+Enter组合键将路径载入选区，如图2-114所示。

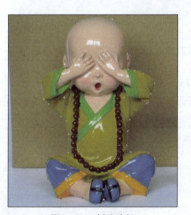 

图2-113　创建路径　　　图2-114　载入选区

 1. 创建路径时，住Ctrl键可以移动锚点，按Alt键并单击锚点可以将方向线收起。
2. 在绘制过程中，按Ctrl键在路径以外的任意地方单击也可完成绘制。

步骤 05　使用矩形选框工具，在选区上单击鼠标右键，执行"调整边缘"命令，如图2-115所示。

步骤 06　打开"调整边缘"对话框，设置平滑参数，并设置输出到新建图层，单击"确定"按钮，如图2-116所示。

 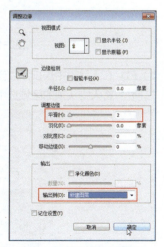

图2-115　执行"调整边缘"命令　　图2-116　单击"确定"按钮

步骤07 人物被抠出，如图2-117所示。此时的图像颜色偏暗，需要调亮。

步骤08 在"图层"面板下方单击"创建新的填充或调整图层"按钮，选择"亮度/对比度"选项，如图2-118所示。

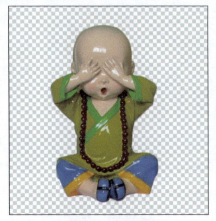

图2-117 抠出人物　　　　　　　　图2-118 选择"亮度/对比度"选项

步骤09 在打开的面板中调整参数，如图2-119所示。

步骤10 此时的图像如图2-120所示，由于受原背景的影响，人物头顶颜色偏黑，需要处理。

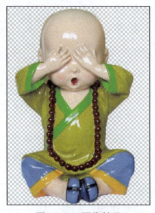

图2-119 调整参数　　　　　　　　图2-120 图像效果

步骤11 在工具箱中长按污点修复画笔工具，在展开的工具组中选择修补工具，如图2-121所示。

步骤12 将人物头顶的区域选中并向下拖动到附近的图像上，如图2-122所示。

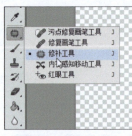

图2-121 选择修补工具　　　　　　图2-122 选中区域并拖动

第 2 章　淘宝商品图美化

步骤 13　图像进行识别并修补，如图2-123所示。
步骤 14　用同样的方法抠取，并调整其他人物，如图2-124所示。

图2-123 识别修补

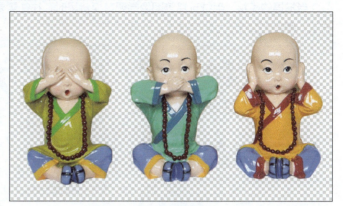
图2-124 抠取并调整其他人物

步骤 15　按Ctrl+O组合键打开一张背景图，如图2-125所示。
步骤 16　使用移动工具将其移动到前一文档中，调整图层到最底层后，使用模糊工具，在背景上涂抹，对背景进行模糊处理，如图2-126所示。

图2-125 打开背景图

图2-126 模糊处理

步骤 17　新建图层，将其调整至背景图层上方，使用画笔工具在人物下方绘制阴影，在"图层"面板中降低不透明度，如图2-127所示。
步骤 18　此时，图像效果如图2-128所示，至此，完成背景替换的操作。

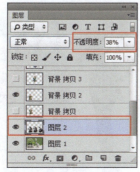
图2-127 降低不透明度

图2-128 图像效果

2.4.4 毛发抠图

当拍摄的模特、毛绒玩具等图像需要替换背景时,往往需要抠出毛发,下面介绍毛发的抠取方法,图2-129所示为效果对比。

图2-129 抠取毛发的前后效果对比

> 视频路径:视频\第2章\2.4.4 毛发抠图.mp4
> 知 识 点:使用"调整边缘"功能抠取毛发

步骤01 在Photoshop中打开素材图片,使用魔棒工具在背景上单击,选择选区,如图2-130所示。

步骤02 按Ctrl+Shift+I组合键反向选择,在选项栏中单击"调整边缘"按钮,如图2-131所示。

图2-130 选择选区　　　　　图2-131 单击"调整边缘"按钮

步骤03 弹出"调整边缘"对话框,如图2-132所示。

步骤04 观察此时人物头发,发现头发周围的背景没有被去除,如图2-133所示。

图2-132 "调整边缘"对话框　　图2-133 头发背景未去除

步骤 05 在选项栏中设置"调整半径工具"的大小,如图2-134所示。
步骤 06 在图像的头发周围涂抹,如图2-135所示。

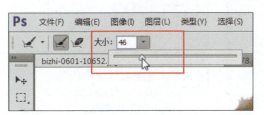

图2-134 设置大小　　　　　　　　　图2-135 涂抹

 当涂抹错误时,单击选项栏中的"涂抹调整"按钮,如图2-136所示,在图像周围涂抹回来即可。

图2-136 单击"涂抹调整"按钮

步骤 07 涂抹完成后,设置输出到"新建图层",单击"确定"按钮,如图2-137所示。
步骤 08 头发被抠出,效果如图2-138所示。

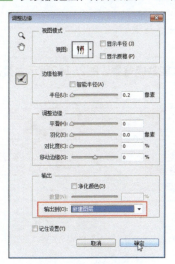

图2-137 抠出头发　　　　　　　　　图2-138 效果

步骤 09 按Ctrl+O组合键打开一张背景图,使用移动工具将其拖入到人物文档中,如图2-139所示。
步骤 10 在图层面板中将该图层向下移动一层,如图2-140所示。

49

图2-139 移入背景图

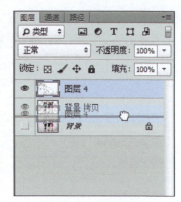
图2-140 移动图层

步骤 11 调整图片大小,最终效果如图2-141所示。

图2-141 最终效果

2.4.5 图层关系替换背景

部分情况下,使用图层之间的混合关系可以不用抠图就能替换背景,图2-142所示为替换背景前后的效果。

图2-142 替换背景前后的效果

> 视频路径:视频\第2章\2.4.5图层关系替换背景.mp4
> 知 识 点:使用"图层样式"替换背景

步骤 01 在Photoshop中打开"背景"素材图片,如图2-143所示。
步骤 02 按Ctrl+O组合键打开"鞋子"图,并使用移动工具将"鞋子"拖入到"背景"文档中,如图2-144所示。

第 **2** 章 淘宝商品图美化

图2-143 打开素材

图2-144 拖入鞋子

步骤03 在"图层"面板中双击"鞋子"所在的图层,打开"图层样式"对话框,在"颜色混合带"的本图层下,按Alt键并拖动右侧的滑块,将其分为两个滑块,向左拖动左半边滑块,如图2-145所示。

步骤04 拖动时观察图像变化情况,当拖动到合适的位置时,单击"确定"按钮,图像效果如图2-146所示。

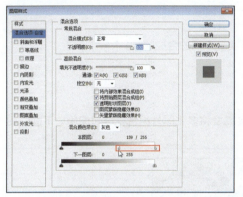

图2-145 向左拖动左半边滑块

图2-146 图像效果

步骤05 观察图像发现鞋子的内侧混合过度,显示出背景色,与原颜色不符,下面进行调整。新建图层,调整至"鞋子"所在图层下方,如图2-147所示。

步骤06 使用画笔工具,设置为柔边,颜色为白色,在鞋子中间区域涂抹,涂抹后效果如图2-148所示。

图2-147 新建图层

图2-148 涂抹效果

步骤07 复制鞋子图层,按Ctrl+T组合键调整位置、大小与角度,如图2-149所示。

步骤08 按Enter键确定调整,最后效果如图2-150所示。

图2-149 复制并调整

图2-150 组合效果

2.5 场景图合成

合成是指将多张照片拼接成一张照片，根据需要实现不同的合成效果。

2.5.1 合成详情展示图

在首页的促销区、宝贝展示区或详情页中经常会需要将多张图片组合在一起使用。下面介绍图像的组合方法，图2-151所示为图像组合效果。

图2-151 图像组合效果

- 视频路径：视频\第2章\2.5.1合成详情展示图.mp4
- 知 识 点：使用裁剪工具扩展画布

步骤 01 在Photoshop中按Ctrl+O组合键打开一张素材图片，如图2-152所示。

步骤 02 使用工具箱中的裁剪工具，如图2-153所示。

图2-152 打开素材图片

图2-153 使用裁剪工具

步骤 03　在图像上单击鼠标,然后向右拖动扩展图像画布,如图2-154所示。
步骤 04　按Enter键确认,扩展画布后图像如图2-155所示。

图2-154　向右拖动

图2-155　扩展画布

步骤 05　按Ctrl+O组合键打开另外一张图片,再使用移动工具移动到上一文档中,如图2-156所示。
步骤 06　再次使用裁剪工具将多余的画布裁剪,如图2-157所示。

图2-156　移入另一张图片

图2-157　裁剪多余的画布

步骤 07　按Enter键,最终的图像组合效果如图2-158所示。

图2-158　图像组合效果

2.5.2 合成主图

在淘宝搜索时看到的那些缩略图就是主图，主图的好坏决定了点击率的高低。下面介绍主图的合成方法，图2-159所示为合成前后的对比效果。

图2-159 合成前后的对比效果

> 视频路径：视频\第2章\2.5.2合成主图.mp4
>
> 知 识 点：多图合成为主图

步骤01 使用Photoshop打开商品图，如图2-160所示。

步骤02 按Ctrl+O组合键打开水花素材图，将其拖入商品图文档中，修改图层混合模式为"线性加深"，并调整大小与位置，如图2-161所示。

图2-160 打开商品图　　图2-161 拖入水花素材

步骤03 在"图层"面板底部单击"添加图层蒙版"按钮，如图2-162所示。

步骤04 使用画笔工具，设置前景色为黑色，在图像上涂抹，如图2-163所示。

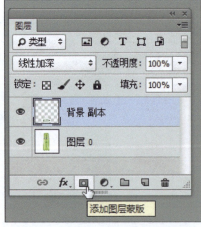 

图2-162 单击"添加图层蒙版"按钮　　图2-163 涂抹

步骤 05　此时的蒙版效果如图2-164所示。
步骤 06　按Ctrl+O组合键打开素材图片，拖入并调整大小，如图2-165所示。

图2-164　蒙版效果

图2-165　拖入素材

步骤 07　在图像上单击鼠标右键，执行"水平翻转"命令，如图2-166所示。
步骤 08　使用魔棒工具，在花朵的背景上单击鼠标，将背景选中，如图2-167所示，按Delete键删除。

图2-166　执行"水平翻转"命令

图2-167　选中背景

步骤 09　在"图层"面板中将该图层调整至产品图下方，如图2-168所示。
步骤 10　调整花朵的位置，效果如图2-169所示。

图2-168　调整图层顺序

图2-169　调整位置

步骤 11 在"图层"面板中双击该图层空白区域,打开"图层样式"对话框,选中"投影"复选框,然后调整投影参数,如图2-170所示。

步骤 12 调整后的图像效果如图2-171所示。

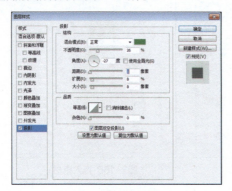

图2-170 设置投影

图2-171 调整后的效果

步骤 13 添加其他素材,并使用魔棒工具选择素材的背景,如图2-172所示,然后按Delete键删除。

步骤 14 按Ctrl+D组合键取消选区,执行"滤镜"|"模糊"|"高斯模糊"命令,如图2-173所示。

图2-172 添加素材

图2-173 执行"高斯模糊"命令

步骤 15 在打开的对话框中调整半径值,如图2-174所示。

步骤 16 单击"确定"按钮。选择图像并按Alt键拖动,复制多个并调整角度与大小,最终效果如图2-175所示。

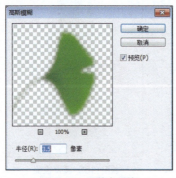

图2-174 调整半径值

图2-175 最终效果

2.5.3 水印与商品图合成

水印是用于添加在图像、视频上用于保护版权的标记。在淘宝中，同类商品很多，为了证明自己商品的实拍性与真实性、唯一性，同时避免他人的非法窃取，可在实拍图上添加独有的水印。图2-176所示为添加水印的前后对比效果。

图2-176 添加水印的前后对比效果

- 视频路径：视频\第2章\2.5.3水印与商品图合成.mp4
- 知 识 点：水印与商品图合成

步骤01 启动Photoshop，打开素材图片，如图2-177所示。

步骤02 使用横排文字工具输入文字，并按Ctrl+T组合键进行旋转，如图2-178所示。

图2-177 打开素材图片　　　　　　　图2-178 输入文字并旋转

步骤03 双击文字图层，打开"图层样式"对话框，选中"描边"复选框，并在右侧修改参数，如图2-179所示。

步骤04 选中"外发光"复选框，修改参数，如图2-180所示。

 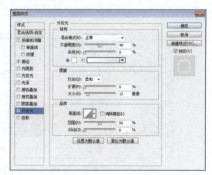

图2-179 设置描边　　　　　　　　　图2-180 设置外发光

步骤05 单击"确定"按钮后的图像效果如图2-181所示。

步骤06 在"图层"面板中单击"填充"右侧的三角按钮，然后将滑块拖至最左侧，或直接设置数值为0，如图2-182所示。

图2-181 图像效果

图2-182 设置填充为0

步骤07 此时文字呈现镂空效果，如图2-183所示。

步骤08 用同样的方法，输入其他文字，并对其进行旋转，最终效果如图2-184所示。

图2-183 镂空效果

图2-184 最终效果

如果添加水印要求将水印图与商品图部分重合，但又需要避免遮盖商品图后不能显示产品原貌的情况。

2.5.4 合成商品系列展示图

在店铺首页中通常会将同类商品进行并列展示，以便买家浏览与选择。下面将介绍合成商品系列展示图的方法，效果如图2-185所示。

图2-185 商品系列展示图

第 2 章 淘宝商品图美化

| 视频路径 | 视频\第2章\2.5.4合成商品系列展示图.mp4 |
| 知 识 点 | 合成商品系列展示图 |

步骤 01 打开Photoshop后,按Ctrl+N组合键打开"新建"对话框,设置宽度和高度的参数,如图2-186所示。

步骤 02 单击"确定"按钮。执行"视图"|"新建参考线"命令,打开"新建参考线"对话框,在取向中选择"垂直",并设置位置为230像素,如图2-187所示。

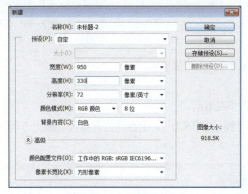

图2-186 "新建"对话框　　　　　图2-187 新建参考线

在首页的模块中,最宽的模块为950像素,因此在制作之前需要确定每个图片的位置。本实例制作的是4张图并列的效果,在每个图之间有10像素的空隙,因此,可以使用参考线来确定图片的准确位置。

步骤 03 单击"确定"按钮新建第1条参考线。

步骤 04 用同样的方法,新建第2条参考线,参考线的位置为240px,如图2-188所示。单击"确定"按钮后效果如图2-189所示。

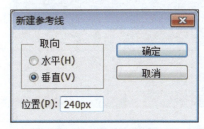

图2-188 参考线的位置　　　　　图2-189 参考线

第1条参考线的位置为(950-30)÷4,而第2条参考线为第1条参考线数值+10px,第3条参考线为第2条参考线数值+230px,以此类推可以得到其他参考线。

步骤 05 按Ctrl+O组合键打开一张素材图,将其拖入文档中,按Ctrl+T组合键将其缩小并调整到合适的位置,如图2-190所示。

步骤 06 使用矩形选框工具,框选参考线右侧的部分,并按Shift键框选底部的图像,如图2-191所示。

59

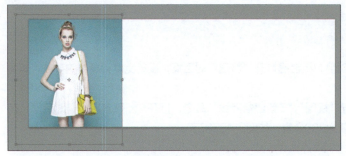

图2-190 拖入素材　　　　　　　　　　　　　图2-191 框选

按住Shift可以添加到选区，按Alt键可以从选区减去。

步骤 07 按Delete键删除选区图像，如图2-192所示。

步骤 08 使用前面的方法新建其他垂直参考线，并按Ctrl+R组合键打开标尺，从上方标尺中拖出一条水平参考线，如图2-193所示。

图2-192 删除选区图像　　　　　　图2-193 新建其他垂直参考线

步骤 09 将其他素材图添加进来，并删除参考线外的图像，效果如图2-194所示。

图2-194 添加其他素材

步骤 10 使用自定形状工具，在选项栏中设置填充与描边颜色，如图2-195所示。

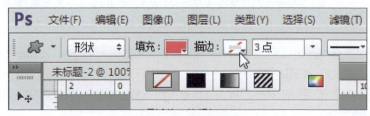

图2-195 选项栏设置

步骤 11 在形状右侧单击三角按钮，再单击下方的 ✿ 图标，在展开的菜单中选择"自然"选项，如图2-196所示。

步骤 12 在打开的对话框中单击"追加"按钮，如图2-197所示。

图2-196 选择"自然"选项

图2-197 单击"追加"按钮

步骤 13 选择形状"花6"，如图2-198所示。

步骤 14 按Shift键绘制图形，并使用文本工具输入文字，如图2-199所示。

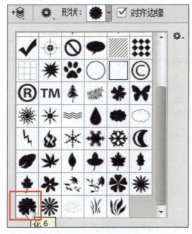

图2-198 选择形状

图2-199 绘制图形并输入文字

步骤 15 新建图层，使用矩形选框工具绘制矩形并填充颜色。再使用椭圆选框工具绘制一个椭圆选区，如图2-200所示。

步骤 16 按Delete键删除选区图像。使用横排文字工具输入文字并新建图层，将其向下移动一层，使用多边形套索工具绘制图形并填充颜色，如图2-201所示。

图2-200 绘制

图2-201 绘制并填充

步骤 17　执行"滤镜"|"模糊"|"高斯模糊"命令,如图2-202所示。
步骤 18　在打开的对话框中设置半径值,单击"确定"按钮,如图2-203所示。

图2-202 执行"高斯模糊"命令　　　　图2-203 设置半径值

步骤 19　在"图层"面板中调整图层的不透明度,如图2-204所示。
步骤 20　此时的图像效果如图2-205所示,然后使用横排文字工具输入相应的文字。

图2-204 调整图层的不透明度　　　　图2-205 图像效果

步骤 21　新建图层,使用矩形选框工具绘制一个选区,如图2-206所示。
步骤 22　使用工具箱中的渐变工具,在选项栏中单击渐变条,如图2-207所示。

图2-206 绘制选区　　　　图2-207 单击渐变条

步骤 23 在对话框中单击渐变条，添加色标，如图2-208所示。

步骤 24 双击色标，在打开的对话框中修改颜色，如图2-209所示，单击"确定"按钮完成设置。

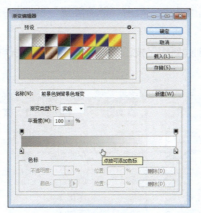 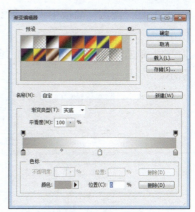

图2-208 添加色标　　　　　　图2-209 修改颜色

步骤 25 按Shift键并从左到右拖动鼠标，填充渐变色，按Ctrl+D组合键取消选区，如图2-210所示。

步骤 26 执行"模糊"|"动感模糊"命令，设置角度与距离，如图2-211所示。

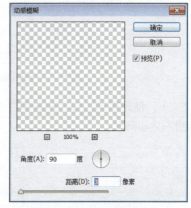

图2-210 填充渐变色　　　　　　图2-211 执行"动感模糊"命令

步骤 27 单击"确定"按钮后图像变得模糊，使用矩形选框工具将上半部分的图像选中，如图2-212所示。

步骤 28 按Delete键删除，删除后的图像效果如图2-213所示。

图2-212 选中部分图像　　　　　　图2-213 删除后的效果

步骤29 在"图层"面板中将多个图层选中,单击"链接图层"按钮将图层链接,如图2-214所示。

步骤30 单击"图层"面板底部的"创建新组"按钮新建组,并将多个图层拖入组中,如图2-215所示。

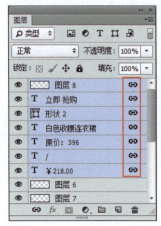

图2-214 链接图层

图2-215 新建组

步骤31 使用移动工具,在选项栏中单击"图层"按钮,在展开的列表中选择"组"选项,如图2-216所示。

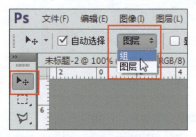

图2-216 选择"组"选项

步骤32 选择底部的图形或文字,按Alt+Shift组合键水平移动,到合适的位置释放鼠标即可复制一组。复制多组后最终效果如图2-217所示。

图2-217 最终效果

第 3 章

淘宝店铺图设计

一个淘宝店铺从开张到装修再到运营,需要设计很多相关的图片,如店标、店招和钻展等,这些图的尺寸和要求等都不同。本章将对这些图片的设计与制作进行详细的讲解。

3.1 店铺Logo设计

Logo是店铺的形象标识,在店铺及商品上出现Logo可以加深客户对店铺和产品的印象。

3.1.1 Logo设计要领

Logo一般会出现在店铺的店招、海报、产品图以及包装袋上,图3-1所示为不同店铺的Logo。

图3-1 不同店铺的Logo

1. 注意事项

- 简单易识别,保持视觉平衡并讲究线条的流畅,使整体形状美观。
- 用反差、对比或边框等强调主题。
- 选择恰当的字体。
- 注意留白,给人想象空间。
- 运用色彩。因为人们对色彩的反应比对形状的反应更为敏锐和直接,更能激发情感。

2. 创作技巧

- **具象形式:** 基本忠实于客观物象的自然形态,经过提炼、概括和简化,突出与夸张其本质特征,作为标志图形,这种形式具有易识别特点。
- **意象形式:** 以某种物象的形态为基本意念,以装饰的、抽象的图形或文字符号来表现的形式。
- **抽象形式:** 以完全抽象的几何图形、文字或符号来表现的形式。这种图形往往具有深邃的抽象含义、象征意味或神秘感。这种形式往往具有更强烈的现代感和符号感,易于记忆。

3.1.2 Logo设计制作

下面开始Logo的制作，图3-2所示为效果图。

图3-2 Logo制作效果图

| 视频路径 | 视频\第3章\3.1.2Logo设计制作.mp4 |
| 知 识 点 | Logo设计制作 |

步骤01 在Photoshop中新建空白文档，使用工具箱中的自定形状工具，如图3-3所示。

步骤02 在选项栏中单击形状后的图案，展开列表后单击右上角的设置图标，在弹出的菜单中选择"全部"选项，如图3-4所示。

图3-3 使用自定形状工具

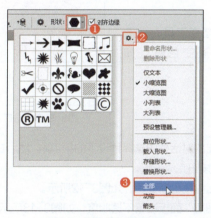

图3-4 选择"全部"选项

步骤03 弹出对话框，单击"确定"按钮，如图3-5所示。

步骤04 将形状载入后选择"雨滴"，如图3-6所示。

图3-5 单击"确定"按钮

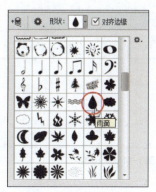

图3-6 选择"雨滴"

步骤 05 绘制图形,按Ctrl+T组合键进行自由变换,在图形上单击鼠标右键,执行"垂直翻转"命令,翻转后如图3-7所示。

步骤 06 按Ctrl+J组合键复制到新图层中,按Ctrl+T组合键进行自由变换,按Shift+Alt组合键将其以中心点按比例缩小,如图3-8所示。

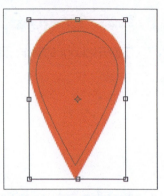

图3-7 垂直翻转　　　　图3-8 以中心点按比例缩小

步骤 07 选择图层,单击鼠标右键,执行"栅格化图层"命令。按Ctrl键并单击图层的缩览图,将图形载入选区,如图3-9所示。

步骤 08 使用渐变工具,在选项栏中单击渐变色条,如图3-10所示。

图3-9 载入选区　　　　图3-10 单击渐变色条

步骤 09 在弹出的对话框中选择预设下的第2项,然后在下方双击色标修改颜色,如图3-11所示。单击"确定"按钮完成设置。

步骤 10 在选区内拖出渐变色,如图3-12所示。

步骤 11 在"图层"面板设置不透明度,如图3-13所示。

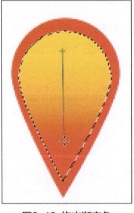
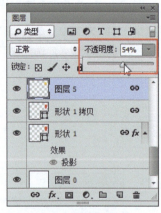

图3-11 修改颜色　　　图3-12 拖出渐变色　　　图3-13 设置不透明度

第 **3** 章 淘宝店铺图设计

步骤 12 新建图层，使用钢笔工具绘制路径，按Ctrl+Enter组合键转换为选区，填充颜色为白色。降低图层的不透明度，如图3-14所示。

步骤 13 双击"形状1"图层，打开"图层样式"对话框，选中"投影"复选框，设置投影参数，如图3-15所示。

图3-14 降低图层不透明度

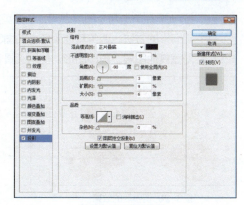

图3-15 设置投影

步骤 14 单击"确定"按钮后效果如图3-16所示。

步骤 15 隐藏背景图层，按Ctrl+Alt+Shift组合键盖印可见图层。复制多个图层并进行旋转，如图3-17所示。

图3-16 设置透明效果

图3-17 复制多个图层并进行旋转

步骤 16 选择一个图层，单击"图层"面板底部的"创建新的填充或调整图层"按钮，在展开的列表中选择"色相/饱和度"选项，如图3-18所示。

步骤 17 在弹出的面板中设置参数，如图3-19所示。

图3-18 选择"色相/饱和度"选项

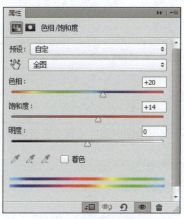

图3-19 设置参数

69

步骤 18 按Alt键并单击两个图层之间，创建剪贴蒙版。调整后的图像效果如图3-20所示。
步骤 19 用同样的方法，调整其他颜色，如图3-21所示。
步骤 20 隐藏其他图层，盖印图形。使用工具箱中的多边形工具，如图3-22所示。

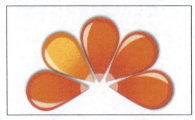
图3-20 调整后的效果

图3-21 调整其他颜色

图3-22 使用多边形工具

步骤 21 在选项栏设置"边"的值为7，如图3-23所示。

图3-23 设置"边"的值

步骤 22 设置填充色为白色，绘制一个七边形，如图3-24所示。
步骤 23 栅格化图层，按Ctrl键选择多边形的缩览图，然后选择盖印图层，按Delete键删除重合的部分。
步骤 24 使用横排文字工具输入文字，如图3-25所示。

图3-24 绘制七边形

图3-25 输入文字

3.1.3 设置Logo为水印

Logo作为水印不仅可以保护图片使其不被盗用，也可以起到宣传店铺品牌的作用。

> 视频路径：视频\第3章\3.1.3设置Logo为水印.mp4
> 知 识 点：设置Logo为水印

步骤 01 在"图层"面板中隐藏其他图层，如图3-26所示。
步骤 02 执行"文件"|"存储为"命令，弹出对话框，输入文件名，设置保存类型为PNG，如图3-27所示。

第 3 章　淘宝店铺图设计

图3-26　隐藏其他图层　　　　　图3-27　设置文件名与类型

步骤03　弹出对话框,单击"确定"按钮即可,如图3-28所示。

步骤04　在图片上拖入Logo素材,调整大小与位置,降低不透明度,水印效果如图3-29所示。

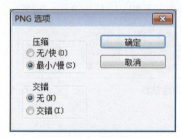

图3-28　单击"确定"按钮　　　　　图3-29　水印效果

3.2　店标设计

店标设计与Logo设计不同,下面进行具体介绍。

3.2.1　店标分类

店标是店铺的标志,在搜索店铺时显示的就是店标,店标还会在手机店铺首页显示,如图3-30所示。

图3-30　店标展示

71

店标按内容分为以下3类。

1. 纯文字店标

纯文字店标主要是以文字和拼音字母等单独构成，适用于多种传播方式，如图3-31所示。在淘宝品牌店铺中应用很广泛。

图3-31 纯文字店标

2. 纯图案店标

纯图案店标顾名思义，仅用图形构成标志。这种标志形象生动，色彩明快，且不受语言限制，非常易于识别。但图案标志没有名称，因此表意又不如文字标志准确，如图3-32所示。

图3-32 纯图案店标

3. 图文组合店标

图文组合店标就是由文字和图案组合而成的标志。这种标志发挥了文字及图案标志的优点，图文并茂，形象生动，又易于识别，如图3-33所示。

图3-33 图文组合的店标

3.2.2 静态店标设计制作

店标的尺寸为80像素×80像素，下面开始讲解制作方法，图3-34所示为静态店标效果图。

图3-34 静态店标效果图

> 视频路径：视频\第3章\3.2.2静态店标设计制作.mp4
> 知 识 点：静态店标设计制作

步骤01 新建空白文档，设置尺寸为80像素×80像素，如图3-35所示。
步骤02 选择矩形工具，在选项栏中设置填充颜色为蓝色，设置宽度和高度的值为74像素，如图3-36所示。

第 3 章 淘宝店铺图设计

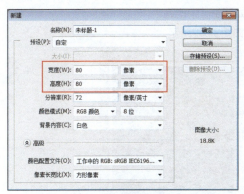

图3-35 设置尺寸

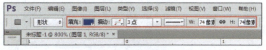

图3-36 设置选项栏

步骤 03 在画面中央绘制一个矩形，如图3-37所示。

步骤 04 按Ctrl+A组合键全选，选择背景图层并单击鼠标右键，执行"描边"命令，如图3-38所示。

图3-37 绘制矩形

图3-38 执行"描边"命令

步骤 05 弹出"描边"对话框，设置宽度与颜色，并单击"内部"单选按钮，如图3-39所示。

步骤 06 单击"确定"按钮，图像效果如图3-40所示。

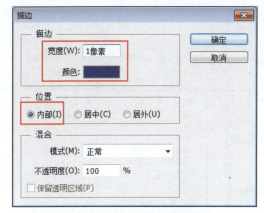

图3-39 单击"内部"单选按钮

图3-40 图像效果

步骤 07 拖入素材图片，按Ctrl+T组合键调整大小，如图3-41所示。
步骤 08 使用魔棒工具选择背景，按Delete键删除，如图3-42所示。

图3-41 调整大小　　　　　　　图3-42 删除背景

步骤 09 按Ctrl+D组合键取消选区。按Ctrl键并单击图层缩览图，载入选区并填充白色，如图3-43所示。
步骤 10 使用横排文字工具输入文字，如图3-44所示。

图3-43 填充白色　　　　　　　图3-44 输入文字

步骤 11 执行"文件"|"存储为"命令，弹出对话框，输入文件名，设置保存类型为JPEG，如图3-45所示。
步骤 12 弹出对话框，单击"确定"按钮完成设置，如图3-46所示。

图3-45 存储为　　　　　　　图3-46 单击"确定"按钮

3.2.3 动态店标设计制作

为了在较小的区域内显示更多的内容，很多卖家都会用到动态店标，即一个店标在多个图片之间切换展示。

> 视频路径：视频\第3章\3.2.3动态店标设计制作.mp4
> 知 识 点：动态店标设计制作

步骤 01 按Ctrl+O组合键打开店标图，在"图层"面板中复制背景图层，如图3-47所示。
步骤 02 使用矩形选框工具绘制选区并为其填充颜色，如图3-48所示。

图3-47 复制背景图层

图3-48 填充颜色

步骤 03 使用横排文字工具输入文字，如图3-49所示。
步骤 04 在程序右上角单击"基本功能"按钮，在展开的列表中选择"动感"选项，如图3-50所示。

图3-49 输入文字　　图3-50 选择"动感"选项

步骤 05 在下方打开的"时间轴"面板中单击"创建视频时间轴"后的三角按钮，在展开的列表中选择"创建帧动画"选项，如图3-51所示。

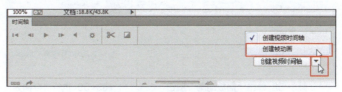
图3-51 选择"创建帧动画"选项

步骤06 单击"创建帧动画"按钮，如图3-52所示。
步骤07 单击"复制所选帧"按钮，如图3-53所示。

图3-52 单击"创建帧动画"按钮　　　图3-53 单击"复制所选帧"按钮

步骤08 在时间轴中单击图层前面的眼睛图标，将上面两个图层隐藏，如图3-54所示。
步骤09 此时的时间轴如图3-55所示。

图3-54 隐藏图层　　　图3-55 时间轴

步骤10 分别单击两个帧下面的数字，在展开的列表中选择时间为0.5s，如图3-56所示。
步骤11 单击"一次"按钮，在展开的列表中选择"永远"选项，如图3-57所示。

图3-56 选择时间　　　图3-57 选择"永远"选项

步骤12 单击"播放动画"按钮，播放动画效果，如图3-58所示。
步骤13 执行"文件"|"存储为Web所用格式"命令，如图3-59所示。

图3-58 单击"播放动画"按钮　　　图3-59 执行"存储为Web所用格式"命令

步骤 14 打开对话框，在右侧选择优化格式为"GIF"选项，如图3-60所示。
步骤 15 单击"存储"按钮，弹出对话框，输入文件名，设置格式为"仅限图像"选项，如图3-61所示。

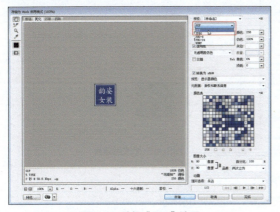

图3-60 选择"GIF"选项

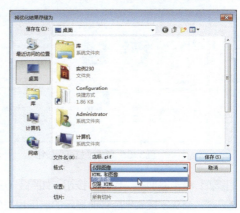

图3-61 设置格式

步骤 16 弹出对话框，单击"确定"按钮即可。

3.2.4 上传店标至店铺

下面将制作好的店标上传到店铺中。

> 视频路径：视频\第3章\3.2.4上传店标至店铺.mp4
> 知 识 点：上传店标

步骤 01 进入淘宝"卖家中心"页面，单击"基础设置"选项，如图3-62所示。
步骤 02 在打开的界面中单击"上传图标"按钮，如图3-63所示。

图3-62 单击"基础设置"选项

图3-63 单击"上传图标"按钮

可以直接在"卖家中心"页面单击"设置店标"按钮，如图3-64所示。

图3-64 单击"设置店标"按钮

步骤03 在打开的对话框中选择图片，单击"打开"按钮，如图3-65所示。

步骤04 修改后的店标效果如图3-66所示。

图3-65 单击"打开"按钮

图3-66 修改后效果

步骤05 单击底部的"保存"按钮，如图3-67所示。

步骤06 当买家搜索到店铺时显示的店标也发生改变，如图3-68所示。

图3-67 单击"保存"按钮

图3-68 店标改变

3.3 活动图制作

报名的活动不同，要求的图片也会不同，下面介绍常见的活动图设计制作方法。

3.3.1 直通车图制作

直通车图片的视觉效果不容忽视，商品文字与图片展示都会影响消费者的视觉感受。消费者搜索商品后从直通车展示位最先看到的就是图片和标题，而图片又占了大部分位置，极大程度上影响了点击率的高低。因此好的图片能吸引消费者，从而刺激消费者下单，进而提升直通车推广的效果。

下面开始讲解制作方法，图3-69所示为效果图。

图3-69 直通车图制作效果图

第 **3** 章 淘宝店铺图设计

- 视频路径：视频\第3章\3.3.1直通车图制作.mp4
- 知 识 点：直通车图制作

步骤 01 新建空白文档，执行"文件"|"新建"命令，在弹出的对话框中设置宽度和高度的参数，单击"确定"按钮，如图3-70所示。

步骤 02 拖入素材图片并按Ctrl+T组合键调整大小，如图3-71所示。

图3-70 新建文档

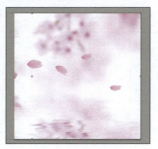
图3-71 拖入图片

步骤 03 拖入其他素材，并按Ctrl+T组合键调整大小，如图3-72所示。

步骤 04 使用魔棒工具选择背景，按Delete键删除，如图3-73所示。

图3-72 调整大小

图3-73 删除背景

步骤 05 新建图层并向下移动一层，设置前景色为黑色，然后使用画笔工具，设置硬度为0，绘制阴影，如图3-74所示。

步骤 06 在"图层"面板上方修改填充为35%，效果如图3-75所示。

图3-74 绘制阴影

图3-75 效果

79

步骤 07 使用画笔工具,在选项栏中单击倒三角按钮,打开"画笔预设"选取器,然后单击如图3-76所示的按钮。

步骤 08 在展开的列表中选择"载入画笔"选项,如图3-77所示。

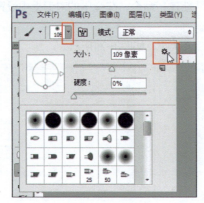
图3-76 单击按钮

图3-77 选择"载入画笔"选项

步骤 09 在打开的对话框中选择画笔,单击"载入"按钮,如图3-78所示。

步骤 10 调整画笔大小,设置前景色为白色,新建图层,选择画笔并绘制水珠,如图3-79所示。

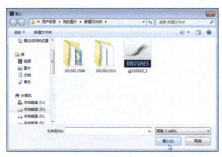
图3-78 单击"载入"按钮

图3-79 绘制水珠

步骤 11 新建图层,使用矩形选框工具建立选区并填充颜色,然后使用柔边画笔,绘制较浅的颜色,如图3-80所示。

步骤 12 按Ctrl+D组合键取消选区。双击该图层,打开"图层样式"对话框,选中"描边"复选框,设置参数,如图3-81所示。

图3-80 绘制并填充

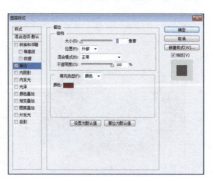
图3-81 设置描边

步骤 13 使用横排文字工具输入文字，分别调整文字的大小与颜色，如图3-82所示。

步骤 14 选中文字"3"，在"字符"面板中单击"仿斜体"按钮，如图3-83所示。

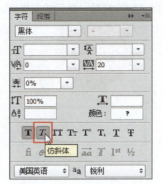

图3-82 输入文字　　　　　　　　图3-83 单击"仿斜体"按钮

步骤 15 此时的文字效果如图3-84所示。

步骤 16 新建图层，使用矩形选框工具在左上角绘制选区，并使用渐变工具拖入渐变色，如图3-85所示。

图3-84 文字效果　　　　　　　　图3-85 绘制并填充渐变色

步骤 17 在"图层样式"对话框中添加描边样式，如图3-86所示。

步骤 18 单击"确定"按钮后效果如图3-87所示。

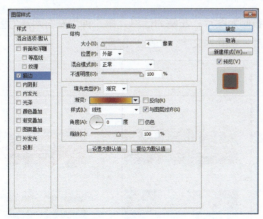

图3-86 添加描边样式　　　　　　　图3-87 效果

步骤19 使用椭圆选框工具创建选区，并删除选区图形。使用横排文字工具输入文字，如图3-88所示。

步骤20 拖入素材并删除背景，然后绘制椭圆，输入文字，最终效果如图3-89所示。

图3-88 输入文字

图3-89 最终效果

3.3.2 钻展图制作

钻展全称钻石展位，是淘宝为卖家提供的一种营销工具，主要是依靠图片创意吸引买家点击量，获得超大流量。

1. 钻展布局

不同位置的钻展尺寸不同，但大致可以分为正方形和长方形两种。下面介绍相应的布局。

正方形图

正方形图布局一般为左右布局，一侧为模特图或产品图，另一侧则为文字信息，如图3-90所示。

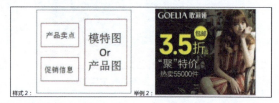

图3-90 正方形图

长方形图

长方形图布局有3种方式，第一种为右侧为图片，左侧为信息；第二种为左右两侧为图片，中间部分为文字；第三种为上下两侧为图片，中间为文字，如图3-91所示。

图3-91 长方形图

2. 钻展图制作

钻展图根据展位的不同，尺寸也不同。这里介绍的是制作淘宝首页的钻展图，尺寸为520像素×280像素，图3-92所示为制作效果。

图3-92 钻展图制作效果

> 视频路径：视频\第3章\3.3.2钻展图制作.mp4
> 知 识 点：钻展图制作

步骤01 按Ctrl+N组合键，弹出"新建"对话框，设置宽度和高度的参数，如图3-93所示。单击"确定"按钮新建文档。

步骤02 按Ctrl+O组合键打开素材图，将其拖入主文档中，如图3-94所示。

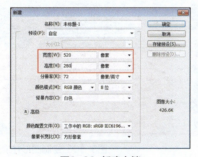

图3-93 新建文档

图3-94 拖入素材

步骤03 执行"滤镜"|"模糊"|"高斯模糊"命令，在打开的对话框中设置参数，单击"确定"按钮，如图3-95所示。

步骤04 执行"滤镜"|"像素化"|"马赛克"命令，在打开的对话框中设置参数，单击"确定"按钮，如图3-96所示。

图3-95 高斯模糊设置

图3-96 马赛克设置

步骤 05 单击"确定"按钮，效果如图3-97所示。

步骤 06 在"图层"面板底部单击"添加新的填充或调整图层"按钮，在展开的菜单中选择"亮度/对比度"选项，在展开的面板中设置参数，如图3-98所示。

图3-97 效果

图3-98 调整"亮度/对比度"

步骤 07 修改后的效果如图3-99所示。

步骤 08 新建图层，使用钢笔工具绘制图形，按Ctrl+Enter组合键将路径载入选区，填充颜色，如图3-100所示。

图3-99 修改后效果

图3-100 绘制图形并填充

步骤 09 使用横排文字工具输入文字，如图3-101所示。

步骤 10 使用文字工具继续输入文本，并修改文字颜色，新建图层，绘制图形，调整图层到文字图层的下方，如图3-102所示。

图3-101 输入文字

图3-102 绘制图形并输入文字

步骤 11 将素材图片打开并拖入，调整大小，如图3-103所示。

步骤 12 将包包素材打开，抠出并拖入文档，最终效果如图3-104所示。

图3-103 拖入素材　　　　　　　　　　　　图3-104 最终效果

3.3.3 聚划算图制作

一幅好图要有一个鲜明的主题，或是表现一个人，或是表现一件物品，主题必须明确，毫不含糊，使消费者的目光一下子就投向被摄主体，一眼就能看得出来；画面必须简洁，只包括那些有利于把视线引向被摄主体的内容，而排除或压缩那些可能分散注意力的内容。

1. 图片要求

图片的主要原则是清楚地展现商品外型，其他要求如下。

Logo区块

产品图上必须放品牌Logo，统一放置在画面左上角。

- **Logo位置**：Logo最左侧和最上方均离产品图片左侧和上方60像素。
- **Logo显示尺寸**：最宽不超过180像素，最高不超过120像素，如图3-105所示。
- **Logo显示要求**：不出现店铺名称、产品定位和营销文案等信息。

图3-105 Logo显示尺寸要求

商品图

- 商品图片居中放置，有模特的不可截掉头部，安全区域为800像素×480像素（.产品图尺寸为960像素×640像素），如图3-106所示。

图3-106 商品图要求

- **商品图片角度：** 以展示商品全貌为最佳，如图3-107所示。

图3-107 商品角度要求

- **商品图数量：** 同款式不要超过两件（量贩团和套件商品除外），如图3-108所示。

图3-108 商品数量要求

- 商品图片内禁止出现任何营销文案和自制标签，如图3-109所示。

图3-109 禁止文案标签

- 商品图必须主次分明，如图3-110所示。

图3-110 主次分明

- 商品图片买赠区要用统一样式，只能出现一个且形状、位置、大小和颜色均不可改变，如图3-111所示。

图3-111 买赠区样式统一

商品图背景

- 建议使用单色背景（包括同一色调的渐变），如图3-112所示。

图3-112 使用单色背景

- 如有场景图，必须模糊化处理，如图3-113所示。

图3-113 场景图模糊处理

- 不能在背景上添加任何形式的自制标签、产品特点和营销利益点等文字信息，如图3-114所示。

图3-114 背景上不能添加文字

2. 聚划算图制作

下面介绍聚划算图的制作方法，图3-115所示为效果图。

图3-115 聚划算图制作效果

> 视频路径│视频\第3章\3.3.3聚划算图制作.mp4
> 知 识 点│聚划算图

步骤 01 启动Photoshop，执行"文件"|"新建"命令，打开"新建"对话框，设置宽度和高度的参数为960像素×640像素，如图3-116所示。

步骤 02 按Ctrl+O组合键打开素材，将其拖入文档中并调整位置，如图3-117所示。

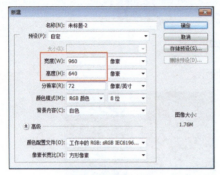 

图3-116 新建文档　　　　　　　　　　图3-117 拖入素材

步骤 03 按Ctrl+J组合键复制图层，单击"图层"面板底部的"创建新的填充或调整图层"按钮，在展开的列表中选择"曲线"选项，如图3-118所示。

步骤 04 在打开的面板中调整曲线，如图3-119所示。

 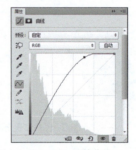

图3-118 选择"曲线"选项　　　　图3-119 调整曲线

步骤 05 关闭面板，此时的图像如图3-120所示。

步骤 06 按Ctrl+Alt+Shift+E组合键盖印可见图层。执行"滤镜"|"模糊"|"高斯模糊"命令，如图3-121所示。

图3-120 曲线调整后效果　　　　图3-121 执行"高斯模糊"命令

步骤07 打开对话框,调整半径值,如图3-122所示。
步骤08 单击"确定"按钮,图像如图3-123所示。

图3-122 调整半径值　　　　图3-123 高斯模糊后效果

步骤09 在"图层"面板底部单击"添加图层蒙版"按钮,添加图层蒙版,如图3-124所示。
步骤10 使用画笔工具,设置前景色为黑色,设置画笔的硬度为100,涂抹出主体部分,如图3-125所示。

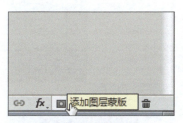

图3-124 添加图层蒙版　　　　图3-125 涂抹出主体

步骤11 此时的图层蒙版效果如图3-126所示。
步骤12 执行"视图"|"新建参考线"命令,打开对话框,设置位置为30px,如图3-127所示,单击"确定"按钮。

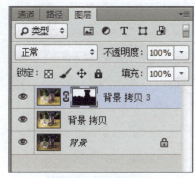
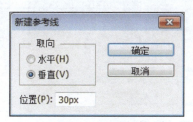

图3-126 图层蒙版效果　　　　图3-127 新建参考线

步骤 13 再次执行命令,打开对话框,单击"水平"单选按钮,设置位置,并单击"确定"按钮,如图3-128所示。

步骤 14 新建参考线后确定了Logo的位置,如图3-129所示。

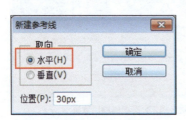

图3-128 单击"水平"单选按钮　　　　　　图3-129 确定Logo的位置

步骤 15 按Ctrl+O组合键打开Logo图,拖入文档中并放置在左上角,如图3-130所示。

步骤 16 执行"视图"|"显示"|"参考线"命令,隐藏参考线,如图3-131所示。

图3-130 拖入Logo图　　　　　　　　　图3-131 隐藏参考线

步骤 17 按Ctrl+T组合键将Logo稍微缩小,如图3-132所示。

步骤 18 按Enter键确定调整,最终效果如图3-133所示。

图3-132 缩小Logo　　　　　　　　　　图3-133 最终效果

第 4 章

淘宝视频制作

在淘宝上,视频的应用越来越受欢迎,它不仅能快速吸引消费者的目光,还能在最短的时间内展示商品的信息及使用方法等。淘宝店铺对主图、详情页视频的支持,使得卖家们也开始把视频的制作加入到网店装修的范围内。

4.1 视频拍摄

数码单反相机不仅能拍摄照片,也能拍摄视频,它方便、实用且性价比高,使得卖家们将其作为视频拍摄的首选工具。

4.1.1 淘宝商品拍摄流程

1. 了解商品特点

拍摄淘宝视频前需要对商品有一定的认识与了解,包括商品的特点及商品的使用方法等,只有了解了商品后才能选择合适的模特、环境和时间,以及根据商品的大小和材质来确定拍摄的器材和拍摄布光等。在拍摄时,对商品特色之处进行重点表现,可以帮助消费者了解商品,打消顾虑并购买。图4-1所示为一款排气扇放置在主图的视频,虽然是简短的6s,但将排气扇抽油烟的特色展示得一清二楚。

图4-1 排气扇主图视频

2. 道具、模特与场景的准备

道具、模特与场景的准备是非常重要的步骤。

- **道具**:视频拍摄的道具有很多,但道具的使用还要根据商品来选择,如需要为产品进行解说的则要选择录音设备;对于室内拍摄的商品则需要选择相应的摄影灯等。
- **模特**:不同的商品需要选择不同的模特,部分商品甚至不需要模特。
- **场景**:一般而言,拍摄的场景分为室内棚拍场景和室外场景。室内场景需要考虑灯光、背景与布局等,室外拍摄则需要选择一个合适的地点,避免在人物杂乱的环境中拍摄。无论是哪种场景,一款商品都需要拍摄多组视频,以便多方位展示商品,以及后期的挑选与剪辑。

3. 视频拍摄

在一切准备就绪后,就可以进行视频拍摄了,如图4-2所示。

图4-2 视频拍摄

4. 后期合成

拍摄视频后,会需要将多余的部分删减,然后将多场景组合,以及进行添加字幕、音频、转场和特效等操作。这些操作需要借助视频编辑软件,常用的视频编辑软件有会声会影和Premiere等。由于会声会影对于新手而言更易掌握,且功能强大,因此,本书后面的章节中主要以讲解会声会影的视频编辑、合成为主。

4.1.2 视频构图的基本原则

构图是摄影的基本技巧之一,是对画面中各元素的组成、结合、配置与取舍,从而最好地表达作品的主题与美感。同样的事物,不同的角度就有不同的构图。

视频拍摄中必须有一个主体,将视频的兴趣中心点引到主体上,给人以最大程度的视觉吸引力。

1. 主体明确

突出主体是对画面进行构图的主要目的。主体是表现主题思想的主要对象。在摄影的构图上,要将主体放在醒目的位置。从人们的视觉习惯来讲,把主体放置在视觉的中心位置上,更容易突出主体,如图4-3所示。

图4-3 主体明确

2. 陪体衬托

如果只有主体而无陪衬，画面就会显得呆板而无变化，但陪体不能喧宾夺主，主体在画面上必须显著突出，如图4-4所示。

图4-4 陪体衬托

3. 环境烘托

在拍摄时将拍摄对象置于合适的场景中，不仅能突出主体，还能给画面增加浓重的现场感，如图4-5所示。

图4-5 环境烘托

4. 前景与背景的处理

一般而言，位于主体之前的景物称为前景，位于主体之后的景物称为背景。前景能弥补画面的空白感，背景则是影像的重要组成部分。前景与背景不仅能渲染主体，还能使画面富有层次感，立体感，如图4-6所示。

图4-6 前景与背景的处理

5. 画面简洁

选用简单的背景,可以避免对主体注意力的分散。如果遇到杂乱的背景,可以采取放大光圈的办法,让后面的背景模糊不清,以突出主体。或者选择合适的角度进行拍摄,避开杂乱的背景,可以使拍摄主体突出,如图4-7所示。

图4-7 画面简洁

6. 追求形式美

充分利用点、线、面等综合元素的结合,在视觉上追求画面感,如图4-8所示。

图4-8 追求形式美

4.1.3 景别与角度

为了更好地表现商品,可以选择不同的景别与拍摄角度和方位等。

1. 景别

景别主要是指摄影机同被摄对象间的距离的远近不同,而使画面中被摄对象的大小发生改变。景别的划分没有严格的界限,一般分为远景、全景、中景、近景和特写。

- **远景**:远景是摄影机远距离拍摄事物的镜头。镜头离拍摄对象比较远,画面开阔。图4-9所示为拍摄薰衣草精油视频而选取的薰衣草收割的远景镜头。

图4-9 远景镜头

- **全景：** 全景是表现物体的全貌或人物全身的镜头，这种镜头在淘宝视频中应用很多，用于表现商品的整体造型，图4-10所示为两组全景镜头。

图4-10 全景镜头

- **中景：** 画框下边卡在膝盖左右部位或场景局部的画面称为中景画面。中景在视频拍摄中占的比重较大，它将对象的大概外形展示出来，又在一定程度上显示了细节，是突出主体的常见镜头。图4-11所示为服装拍摄的中景镜头。

图4-11 中景镜头

- 近景：拍到人物胸部以上或物体的局部称为近景。近景能很好地表现对象特征和细节等。图4-12所示为拍摄的两组近景镜头。

图4-12 近景镜头

- 特写：特写用于表现对象的细节，这在淘宝视频拍摄中是必用的镜头。细节的表现能体现商品的材质和质量等，如图4-13所示。

图4-13 特写镜头

> **提示** 景别的划分是相对而言，不是绝对的。同样一个取景范围，它属于哪一类景别，这就要看对什么而言。如一个窗户的全貌，对于一栋房子来说，它是局部；但对窗户本身来说，它是全景。

2. 拍摄方位

在拍摄商品视频时，从多个方位拍摄更能体现商品的全貌，进而给买家全面的展示。

正面拍摄

正面拍摄给买家留下第一印象，若是需要模特的商品，如服装和首饰等还需要在正面以多种造型进行拍摄展示，如图4-14所示。

侧面拍摄

侧面拍摄包括正侧面和斜侧面。斜侧面不仅能表现商品的侧面效果，也能给画面一种延伸感、立体感，因此斜侧面的拍摄更多于侧面拍摄，如图4-15所示。

图4-14 正面拍摄

图4-15 侧面拍摄

背面拍摄

一般为表现商品的全貌，背面拍摄也不可少，如服装、鞋子和包包等，如图4-16所示。

图4-16 背面拍摄

3. 拍摄角度

在拍摄前观察被摄物体，选择最能表现其特征的角度。

平视角度

拍摄点与被摄对象处于同一水平线上，以平视的角度拍摄照片，画面效果接近人们观察事物的视觉习惯。在商品摄影中能真实反映形状等外部特征，如图4-17所示。

图4-17 平视角度

仰视角度

拍摄点低于被摄对象，以仰视的角度来拍摄物体，能够突出主体，表现对象的内部结构，如图4-18所示。

图4-18 仰视角度

俯视角度

拍摄点高于被摄对象，以俯视的角度拍摄位置较低的物体，在淘宝拍摄中，最常见的是以俯视角度拍摄茶品，如图4-19所示。

图4-19 俯视角度

4.2 认识会声会影

视频拍摄后，还需要删减不需要的片段及添加音频与字幕等，这些操作都可以在会声会影中完成，下面介绍操作方法。

4.2.1 会声会影工作界面

会声会影X8的编辑界面由步骤面板、菜单栏、预览窗口、导览面板、工具栏、项目时间轴、素材库、素材库面板和选项面板组成，如图4-20所示。

图4-20 会声会影X8操作界面

1. 步骤面板

会声会影将影片制作过程简化为3个简单步骤,如图4-21所示。单击步骤面板中的按钮,可在步骤之间进行切换。

图4-21 步骤面板

步骤面板中各步骤的功能如下。

- **捕获**:"捕获"步骤包括捕获和导入视频、照片及音频素材。
- **编辑**:"编辑"步骤是启动会声会影默认打开的界面,其中"时间轴"是会声会影的核心,在时间轴中插入素材,并对其进行排列、编辑和添加效果等操作。
- **输出**:"输出"步骤可以将制作的影片导出为不同格式的视频,或直接导出到磁盘或DVD等设备中。

2. 菜单栏

菜单栏提供各种菜单命令,如图4-22所示,用于项目的打开与保存,编辑与设置等。

3. 预览窗口和导览面板

预览窗口和导览面板如图4-23所示,用于预览和编辑素材。

图4-22 菜单栏

图4-23 预览窗口和导览面板

4. 工具栏

通过工具栏，可以方便快捷地访问编辑按钮，如图4-24所示。以及在"项目时间轴"上放大和缩小项目视图，启动不同工具以进行有效的编辑。

图4-24 工具栏

工具栏上各个控件的名称和功能如下。

- **故事板视图**：单击后切换视图，如图4-25所示。在"故事板视图"中按时间顺序显示媒体缩略图。

图4-25 单击"故事板视图"按钮

- **时间轴视图**：默认的视图，可以对不同轨道的素材进行精确到帧的操作。
- **撤销**：撤销上次的操作。
- **重复**：重复上次撤销的操作。
- **录制/捕获选项**：单击后显示"录制/捕获选项"面板，可执行捕获视频、导入文件、录制画外音和抓拍快照等操作，如图4-26所示。
- **混音器**：单击"混音器"按钮，进入"混音器视图"，如图4-27所示。通过混音面板可以实时地调整项目中音频轨的音量和音频轨中特定的音量，以及设置音频素材的淡入淡出效果。

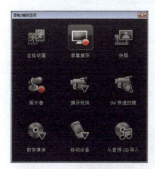

图4-26 录制/捕获选项

图4-27 单击"混音器"按钮

- **自动音乐**：单击后展开"自动音乐"面板，可提供不同类别的歌曲，添加到时间轴会根据项目素材的长度来进行修剪，如图4-28所示。

图4-28 "自动音乐"面板

- **运动跟踪**：瞄准并跟踪移动的对象，创建路径，然后将其进行马赛克操作，或链接到文本和图形等元素。
- **字幕编辑器**：选择视频后单击该按钮，在打开的对话框中可根据视频中的音频来设置字幕。
- **缩放控件**：通过使用缩放滑动条和按钮可以调整"时间轴"素材的显示跨度。
- **将项目调到时间轴窗口大小**：将项目视图调到适合于整个"时间轴"的跨度。
- **项目区间**：显示整个项目的时间长度。

5. 选项面板

选项面板会随轨道的不同以及素材的不同而发生变化。选项面板可能包含一个或两个选项卡，每个选项卡中的控制和选项都不同，具体取决于所选素材。覆叠素材选项面板如图4-29所示。

图4-29 覆叠素材选项面板

6. 项目时间轴

时间轴视图可最全面地展示影片项目中的元素，如图4-30所示。它按视频、覆叠、标题、声音和音乐将项目分成不同的轨道，可以添加视频、照片、声音和文字素材以及滤镜特效和转场效果。

图4-30 时间轴视图

时间轴视图中各部分的功能如下。
- **时间轴标尺**：拖动标尺，以确定预览或编辑的位置。
- **显示全部可视化轨道**：显示项目中的所有轨道。
- **轨道管理器**：单击后弹出对话框，如图4-31所示，可以设置轨道的数量。
- **添加/删除章节或提示**：可以在时间轴的时间条上单击设置章节或提示点，然后双击章节点进行命名，如图4-32所示。

图4-31 "轨道管理器"对话框　　　　图4-32 命名章节点

- **启用/禁用连续编辑**：在轨道上添加素材后，可以锁定或启用轨道的连续编辑操作。
- **视频轨**：包含视频、照片、色彩素材和转场。单击轨道图标，可以隐藏/显示该轨道。
- **覆叠轨**：包含覆叠素材，可以是视频、照片、图形或色彩素材。单击轨道图标，可以隐藏/显示该轨道。
- **标题轨**：包含标题素材。单击轨道图标，可以隐藏/显示该轨道。
- **声音轨**：包含画外音素材。单击轨道图标，可以隐藏/显示该轨道。
- **音乐轨**：包含音频文件中的音乐素材。单击轨道图标，可以隐藏/显示该轨道。
- **自动滚动时间轴**：预览的素材超出当前视图时，启用或禁用项目时间轴的滚动。
- **滚动控制**：可以通过使用左和右按钮或拖动"滚动栏"在项目中移动。

4.2.2 视频制作流程

会声会影将影片制作过程简化为3个简单步骤：捕获、编辑和共享。

1. 素材导入与捕获

制作影片的第一步，是从摄影机或其他视频源中捕获媒体素材，将其导入到计算机中，包括捕获和导入视频、照片和音频素材。

2. 素材修剪与组接

"编辑"是会声会影的核心，将素材进行排列、修剪与组接，按照先后顺序添加到不同的编辑轨道中是制作视频的第二步。

3. 添加转场与特效

添加覆叠素材、转场和特效等效果，使影片精彩纷呈，丰富多彩，是制作影片的第三步。

4. 添加字幕

视频主体部分制作完成，添加合适的说明字幕，帮助浏览者理解，是制作影片的第四步。

5. 添加配乐

字幕添加完成后，还需要根据需要添加背景音乐、旁白或其他配乐。

6. 影片输出

影片制作完成后，为了能与更多人进行分享，可将影片创建成视频文件，输出共享。

4.3 淘宝视频制作

淘宝视频主要用于主图、首页与详情描述中。下面介绍视频的制作方法。

4.3.1 9s主图视频制作

使用主图视频可以快速让用户对宝贝的作用和功效有所了解，提高宝贝购买转化率。主图视频的时间限制为9s以内，因此在制作视频时最关键的一点就是控制时间。下面开始制作。

1. 项目设置

> 视频路径：视频\第4章\4.3.1\1项目设置.mp4
> 知 识 点：设置项目

步骤01 启动会声会影，执行"设置"|"项目属性"命令，如图4-33所示。
步骤02 打开对话框，在项目格式下拉列表中选择"在线"选项，如图4-34所示。

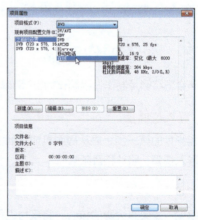

图4-33 执行"设置"|"项目属性"命令　　　　　图4-34 选择"在线"选项

步骤03 单击下方的"新建"按钮，如图4-35所示。
步骤04 在打开的对话框中输入配置文件名称，如图4-36所示。单击"确定"按钮关闭对话框。

第 **4** 章 淘宝视频制作

图4-35 单击"新建"按钮

图4-36 输入名称

2. 导入素材

> 视频路径：视频\第4章\4.3.1\2导入素材.mp4
> 知识点：导入素材库、时间轴

步骤 01 在会声会影素材库中单击"添加"按钮，如图4-37所示。

步骤 02 新建文件夹后对其进行命名，然后在右侧的素材库中单击鼠标右键，执行"插入媒体文件"命令，如图4-38所示。

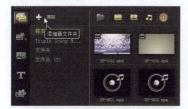

图4-37 单击"添加"按钮

图4-38 执行"插入媒体文件"命令

步骤 03 在打开的对话框中选择素材，单击"打开"按钮，如图4-39所示。

步骤 04 添加素材后将素材拖入时间轴中，如图4-40所示。

图4-39 单击"打开"按钮

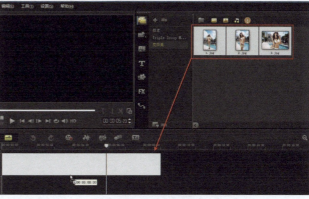

图4-40 拖入素材

105

步骤05 时间轴的最右侧的项目区间显示了项目的总时间为9s,如图4-41所示。

图4-41 项目区间

 默认添加的单个照片素材区间为3s。

3. 编辑素材

> 视频路径：视频\第4章\4.3.1\3编辑素材.mp4
> 知 识 点：素材的基本编辑

步骤01 在时间轴中选择第1个素材,在预览窗口中预览默认效果,如图4-42所示。
步骤02 双击素材,展开选项面板,在"照片"选项面板中单击"摇动和缩放"单选按钮,然后单击"自定义"按钮,如图4-43所示。

图4-42 选择并预览

图4-43 单击"自定义"按钮

步骤03 在打开的对话框中调整左侧原图区域中的显示框,如图4-44所示。

图4-44 调整显示框

步骤 04　在第1帧上单击鼠标右键，执行"复制"命令，如图4-45所示。

步骤 05　在最后一帧上单击鼠标右键，执行"粘贴"命令，如图4-46所示。

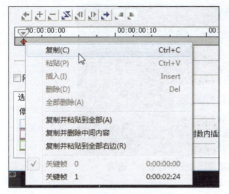

图4-45　执行"复制"命令　　　　图4-46　执行"粘贴"命令

步骤 06　在左侧原图中，将显示框向下拖动，如图4-47所示。

图4-47　拖动显示框

步骤 07　单击"确定"按钮关闭对话框。在时间中选择第1个素材，单击鼠标右键，执行"复制属性"命令，如图4-48所示。

步骤 08　选择素材2，单击鼠标右键，执行"粘贴所有属性"命令，如图4-49所示。

图4-48　执行"复制属性"命令　　　　图4-49　执行"粘贴所有属性"命令

步骤09 选择素材3,在选项面板中的重新采样选项下选择"保持宽高比(无字母框)"选项,如图4-50所示。

图4-50 选择"保持宽高比(无字母框)"选项

4. 添加转场与特效

○ 视频路径 视频\第4章\4.3.1\4添加转场与特效.mp4
✎ 知 识 点 转场与滤镜的使用

步骤01 单击"转场"按钮,进入"转场"素材库,如图4-51所示。
步骤02 在素材库上方单击"对视频轨应用随机效果"按钮,如图4-52所示。

图4-51 "转场"素材库

图4-52 单击"对视频轨应用随机效果"按钮

步骤03 此时的素材之间插入了随机的转场效果,如图4-53所示。
步骤04 单击"滤镜"按钮,进入"滤镜"素材库,如图4-54所示。

图4-53 插入转场

图4-54 单击"滤镜"按钮

步骤05 选择"镜头闪光"滤镜,将其拖至素材1上,如图4-55所示。
步骤06 在预览窗口中预览效果,如图4-56所示。
步骤07 用同样的方法,在素材2和素材3上添加"镜头闪光"滤镜。

图4-55 拖入"镜头闪光"滤镜

图4-56 预览效果

步骤08 添加转场后项目区间缩短为7s,如图4-57所示。
步骤09 此时可以将素材1和素材2的区间均修改为4s。选择素材,在选项面板中单击区间数值修改即可,如图4-58所示。

图4-57 区间缩短

图4-58 修改区间

5. 添加字幕与音频

- 视频路径:视频\第4章\4.3.1\5添加字幕与音频.mp4
- 知 识 点:字幕模板的使用、添加自动音乐

步骤01 单击"标题"按钮,进入"标题"素材库,如图4-59所示。
步骤02 在素材库中选择一个标题,如图4-60所示。将其拖入到时间轴的覆叠轨上。

图4-59 进入"标题"素材库

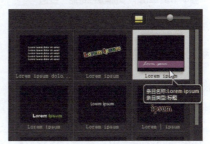

图4-60 选择标题

步骤03 拖动素材的边缘，调整到和视频轨长度一致，如图4-61所示。
步骤04 在预览窗口双击修改文字内容，并拖动四周的控制点调整大小，如图4-62所示。

图4-61 调整长度　　　　　　　　　　　图4-62 修改文字

步骤05 单击时间轴中的"自动音乐"按钮，如图4-63所示。
步骤06 在展开的面板中选择音乐，然后单击"播放选定歌曲"按钮，如图4-64所示。

图4-63 单击"自动音乐"按钮　　　　　图4-64 单击"播放选定歌曲"按钮

步骤07 选定歌曲后，选中"自动修整"复选框，然后单击"添加到时间轴"按钮，如图4-65所示。
步骤08 音乐自动添加到音乐轨中，如图4-66所示。

图4-65 单击"添加到时间轴"按钮　　　图4-66 自动添加音乐

6. 输出视频

视频制作完成后就可以输出视频了。

- 视频路径：视频\第4章\4.3.1\6输出视频.mp4
- 知识点：输出视频

步骤01 在步骤面板上单击"共享"按钮，进入共享界面，如图4-67所示。

第 4 章 淘宝视频制作

步骤 02 单击"自定义"按钮，如图4-68所示。

图4-67 单击"共享"按钮

图4-68 单击"自定义"按钮

步骤 03 在下方的格式中选择格式，如图4-69所示。

步骤 04 单击格式右侧的"选项"按钮，如图4-70所示。

图4-69 选择格式

图4-70 单击"选项"按钮

步骤 05 在打开的对话框中单击"自定义"单选按钮，设置宽度和高度的参数，单击"确定"按钮，如图4-71所示。

步骤 06 输入文件名，并单击文件位置后的文件夹图标，在打开的对话框中选择视频存储的位置，单击"保存"按钮，如图4-72所示，关闭对话框。

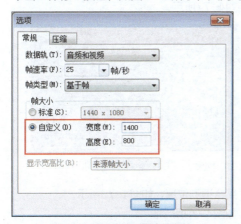

图4-71 设置宽度和高度的参数

图4-72 单击"保存"按钮

步骤 07 单击"开始"按钮，如图4-73所示。

图4-73 单击"开始"按钮

111

步骤08 视频开始渲染，单击如图4-74所示的按钮，左侧显示预览效果。
步骤09 渲染完成后，弹出对话框，单击"确定"按钮，如图4-75所示。

图4-74 单击按钮　　　　　　　　　　图4-75 单击"确定"按钮

4.3.2 详情页视频制作

详情页的视频一般以介绍产品、展示产品，以及安装或操作演示为主。

○ 视频路径：视频\第4章\4.3.2 详情页视频制作.mp4
◎ 知 识 点：详情页视频制作

步骤01 在视频轨中添加视频素材，如图4-76所示。
步骤02 在选项面板中单击"多重修整视频"按钮，如图4-77所示。

图4-76 添加视频素材　　　　　　　　图4-77 单击"多重修整视频"按钮

步骤03 打开对话框，拖动预览窗口下方的时间滑块，到合适的位置，如图4-78所示。
步骤04 单击"设置开始标记"按钮，标记开始位置，如图4-79所示。

图4-78 拖动滑块　　　　　　　　　　图4-79 单击"设置开始标记"按钮

第 **4** 章 淘宝视频制作

步骤 05 拖动滑块到结束的位置，单击"设置结束标记"按钮，如图4-80所示。

步骤 06 用同样的方法，继续标记另外的视频，标记后在下方显示出标记的片段，如图4-81所示。

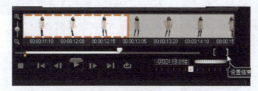

图4-80 单击"设置结束标记"按钮　　　　图4-81 显示标记的片段

步骤 07 单击"确定"按钮，时间轴中仅显示需要的视频片段，如图4-82所示。

步骤 08 单击"即时项目"按钮，打开"即时项目"素材库，如图4-83所示。

图4-82 时间轴　　　　图4-83 单击"即时项目"按钮

步骤 09 选择"开始"类别中的一个模板，单击鼠标右键，执行"在开始处添加"命令，如图4-84所示。

步骤 10 添加到时间轴后效果如图4-85所示。

图4-84 执行"在开始处添加"命令　　　　图4-85 添加后效果

 除此之外还可以下载其他模板。在素材库上方单击"获取更多内容"按钮，如图4-86所示。在打开的对话框中选择一个模板，单击下方的"立即下载"按钮，如图4-87所示，下载安装后即可使用。

图4-86 单击"获取更多内容"按钮　　　　图4-87 单击"立即下载"按钮

步骤 11 选择视频轨最后一个素材并拖入到覆叠轨中。然后选择覆叠轨中的素材1，单击鼠标右键，执行"复制属性"命令，如图4-88所示。

步骤 12 选择覆叠轨素材2，单击鼠标右键，执行"粘贴所有属性"命令。

步骤 13 在时间轴上方单击添加标记点，标记覆叠轨素材1的开始位置，如图4-89所示。

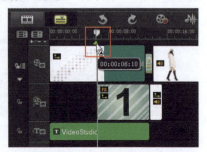

图4-88 执行"复制属性"命令　　　　图4-89 标记开始位置

步骤 14 删除覆叠轨素材1，将覆叠轨素材2移动到素材1的位置，并调整区间，如图4-90所示。

步骤 15 双击标题轨上的标题，在预览窗口中双击修改文字内容，如图4-91所示。

图4-90 移动并调整区间　　　　图4-91 修改文字

步骤 16 用同样的方法，在时间轴中添加"结尾"模板，如图4-92所示。

步骤 17 拖动声音素材，调整区间，如图4-93所示。

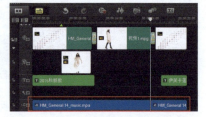

图4-92 添加"结尾"模板　　　　图4-93 调整声音素材区间

4.3.3 为视频添加Logo

在视频上可以添加图片Logo，只需将Logo图片添加到覆叠轨上即可。除此之外，纯文字的Logo可以直接在会声会影中制作。

> 视频路径：视频\第4章\4.3.3为视频添加Logo.mp4
> 知 识 点：为视频添加Logo

步骤 01 在素材库面板中单击"图形"按钮，然后在画廊中选择"色彩"选项，如图4-94所示。

步骤 02 选择一种颜色条目，如图4-95所示。

第 **4** 章 淘宝视频制作

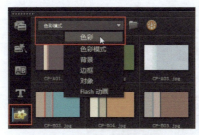

图4-94 选择"色彩"选项　　　　　图4-95 选择颜色

步骤 03 将其拖动到时间轴中合适的位置，并调整区间，如图4-96所示。
步骤 04 选择素材，在选项面板中单击色块，在弹出的选项中选择"Corel色彩选取器"选项，如图4-97所示。

图4-96 拖动到时间轴　　　　　图4-97 选择"Corel色彩选取器"选项

步骤 05 打开对话框，选择颜色，如图4-98所示。
步骤 06 单击"确定"按钮关闭对话框。在预览窗口中调整素材大小与位置，如图4-99所示。

图4-98 选择颜色　　　　　图4-99 调整素材

步骤 07 单击"标题"按钮，在预览窗口中双击输入文字，在编辑面板中修改标题参数，如图4-100所示。
步骤 08 调整文字的位置，如图4-101所示。

图4-100 修改标题参数　　　　　图4-101 调整位置

115

步骤09 在时间轴中调整标题的位置与区间，如图4-102所示。

图4-102 调整位置与区间

4.3.4 为视频配音

为视频配上背景乐以及旁白解说，可以为视频营造一种氛围并帮助消费者快速理解影片。

> 视频路径：视频\第4章\4.3.4为视频配音.mp4
> 知 识 点：为视频配音

步骤01 单击时间轴上方的"录制/捕获选项"按钮，如图4-103所示。
步骤02 在打开的对话框中单击"画外音"按钮，如图4-104所示。

图4-103 单击"录制/捕获选项"按钮

图4-104 单击"画外音"按钮

步骤03 弹出"调整音量"对话框，单击"开始"按钮，如图4-105所示，即可进行录音。
步骤04 录音完成后按空格键停止，在声音轨上即可显示录制的音频，如图4-106所示。

图4-105 单击"开始"按钮

图4-106 显示录制的音频

步骤05 制作完成后输出视频即可。

4.4 上传与应用视频

视频输出后需要上传到淘宝，才能应用到店铺中，下面介绍视频的上传与应用方法。

4.4.1 上传视频到淘宝

视频路径：视频\第4章\4.4.1上传视频到淘宝.mp4
知 识 点：上传视频到淘宝

步骤01 在浏览器的地址栏中输入http://ugc.taobao.com/，打开"淘宝视频"页面，如图4-107所示。

步骤02 单击右上角的"上传视频"按钮上传视频，如图4-108所示。

图4-107 打开"淘宝视频"页面

图4-108 单击"上传视频"按钮

步骤03 在打开的页面中单击"选择文件"按钮，如图4-109所示。

步骤04 在弹出的对话框中选择视频，单击"打开"按钮，等待视频上传。

步骤05 上传完成后，填写相关信息，并选择一张视频截图为封面，最后单击"保存并发布"按钮，如图4-110所示。

图4-109 单击"选择文件"按钮

图4-110 单击"保存并发布"按钮

上传视频不能大于2G，支持的格式包括：wmv、avi、mpg、mpeg、3gp、mov、mp4、flv、f4v、m4v、m2t、mts、rmvb、vob 和 mkv。

步骤06 上传成功后需要等待审核，如图4-111所示。

步骤07 单击"查看视频状态"链接，进入"我的视频"页面，视频发布成功后，单击"复制视频链接"链接，如图4-112所示。

图4-111 上传成功

图4-112 单击"复制视频链接"链接

步骤 08 弹出对话框，单击FLASH代码后的"复制"按钮即可将代码装修到店铺，如图4-113所示。复制的链接可以应用于代码装修。

图4-113 单击"复制"按钮

4.4.2 主图视频的应用

主图视频制作后如何应用到淘宝商品上，下面进行具体介绍。

● 视频路径：视频\第4章\4.4.2主图视频的应用.mp4
● 知 识 点：主图视频的应用

步骤 01 在发布宝贝页面的"宝贝图片"区中单击"视频中心"按钮，如图4-114所示。

步骤 02 在打开的界面中选择视频，如图4-115所示。

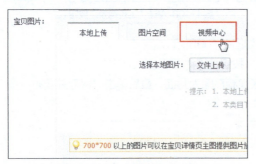

图4-114 单击"视频中心"按钮

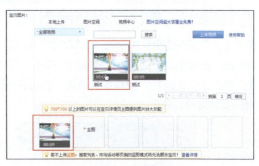

图4-115 选择视频

步骤 03 填写宝贝的其他信息后，单击"发布"按钮，发布商品。在宝贝页面中查看主图视频效果，如图4-116所示。

图4-116 查看主图视频效果

第 5 章

店铺首页视觉设计

  淘宝店铺首页作为一个淘宝店铺形象展示窗口，其装修的好坏，可以直接影响店铺品牌宣传以及买家的购物体验，最后影响的还是店铺的转化率。好的网店装修像专卖店，没装修的像摆地摊，首页就相当于一家店铺的门面，使买家对整个店铺产生一种直观感受，更是决定客户对店铺产生信任的关键。

  首页的装修决定了店铺的整体形象。首页视觉设计是引导买家、提高转化的重要手段，同时也是店铺的风格体现之处。

5.1 首页布局

布局并不是要将所有模块效果都堆积到店铺中,而是指模块之间的组合排列,除了产品常规陈列外,还要添加其他模块,如收藏模块和客服模块、搜索模块等。合理的布局不但可以增加店铺黏性,提升新老客户的忠诚度,还可以达到更好的用户体验效果。

5.1.1 布局的视觉设计要点

视觉是为营销而设计的,这里的"视"指的就是要顾客"看到"并且"停留"。淘宝店铺首页装修的最终目的是在有限的页面中,用最简单的表现手法达到最好的宣传效果,把握住店铺的每一次流量,建立店铺信任度,提升顾客体验,从而达到提升转化率的效果。因此,符合买家需求的页面布局才有价值。

根据自己店铺的风格、促销活动,以及客户的浏览模式、需求及行为,来合理利用模块,将产品分门别类,使店铺的布局结构清晰。

1. 店铺定位

店铺布局,必须以店铺定位为中心,统一风格,突出店铺主题、公共提醒、促销信息、风格体现等。

经过设计师精心设计、布局的网店首页能给买家留下不同的购物体验,从而达到了宣传品牌、体现品牌形象的目的,图5-1所示为不同服装店铺的布局。

2. 用户的浏览模式

尼尔森的F形网页浏览模式如下。

- 客户的眼睛首先是水平运动,通常是扫过网页内容的最上半部分。这样就形成了一条横向的运动轨迹,这就是字母F的第一条横线。
- 客户的眼光略微下移,很典型地扫描比第一步范围较短的区域。这就形成了F字母中的第二条横线。
- 客户朝网页左边的部分进行垂直扫描,有时这个举动很慢而且很有系统性。这样就形成了F字母中的一条竖线。

布局失败的店铺   布局成功的店铺

图5-1 不同服装店铺的布局

根据F形状网页浏览模式,可以大概了解客户的浏览轨迹,但是对于淘宝店铺来讲,客户的浏览轨迹,将有可能是F、E和Z等形状,如图5-2所示,因为淘宝店铺里面图片占了很大一部分,但店铺上面的那部分(页头1~3屏的高度)是顾客浏览的重点,这是毫无疑问的。因此,在这个重要的区域,我们要精打细算,合理利用好每一个模块。

E形状的可能浏览轨迹　　　　Z形状的可能浏览轨迹

图5-2　浏览轨迹

3. 客户的需求及行为

客户的需求可能是优惠宝贝、新品或特定的某一宝贝。客户的行为分为老客户和新客户两类，老客户更多的是关注店铺的优惠信息、促销活动和新品上架情况，其次，可能会浏览感兴趣的宝贝。新客户关注的是店铺装修的形象、风格以及促销信息，然后寻找自己喜欢的产品或店铺推荐的新款、爆款。另外，如果喜欢店铺的风格或商品，可能会收藏店铺或关注店铺等。

4. 店铺装修必备模块

布局前需要了解店铺装修的必备模块。

- **海报/轮播图**：给人震撼性的视觉效果，是促销活动时的必备模块。
- **页头活动导航**：店铺的促销活动，摆在首要位置，让进店的客户第一时间了解店铺的活动，以及增大活动效果。
- **页尾导航及搜索**：店铺的活动以及店铺的相关规则信息等，要加上搜索与关键字，以便客户点击和搜索整个店铺宝贝。
- **客服中心**：店铺的客服，在页头、中间以及页尾处都要添加。特别是在首页很长的情况下，要让顾客很快地找到并咨询。
- **排行榜**：可以给顾客一种流行向导的作用，是店铺营销及打造爆款必备的模块。
- **收藏模块**：在增强顾客体验，增加客户黏性，促进二次购买等方面有很大的作用。

5. 合理布局模块

店铺的活动和优惠信息，要放在非常重要的位置，如海报、轮播图或活动导航类的图片位置。活动图片的内容设计要清晰、一目了然且可读性强。

推荐爆款或新款，不易太多，可以用关键字和导航等把流量引至相应的分类里面。

收藏、关注和客服等互动性模块必不可少，这是增加店铺黏性，提升忠诚度，提高二次购买率及与顾客互动的销售利器。

搜索与产品导航，或自定义导航，把产品类目详细地列举出来，将有助于顾客的搜索，或很快找到喜欢的类目及产品。

模块布局要错落有致，列表式和图文搭配，以减少视觉疲劳的情况。同时模块结构和产品系列要清晰明了，如图5-3所示。

　　　　错落有致的宝贝混排　　　　布局清晰的活动和产品导航

图5-3 模块布局

6. 布局的引导

根据顾客的浏览习惯来布局，又由布局来对顾客进行视觉引导。

单向型

单向型是通过竖向、横向和斜向的引导，将信息一一传达给顾客，使顾客更加明确地了解店铺。竖向布局可以产生稳定感且条理清晰，如图5-4所示。横向布局符合人们的阅读习惯且条理性强；斜线布局可以使画面产生强烈的动感，增强了视觉吸引力。

曲线型

S形的曲线布局是网店装修中较常见的一种布局，将版面按照S形曲线流程进行排列，不但可以产生一定的韵律感，而且还可以形成视觉牵引力，让顾客的视线随着曲线进行移动，从而引导顾客消费，如图5-5所示。

　　　图5-4 竖向布局　　　　　　　　　图5-5 曲线布局

总之，我们要结合店铺的特点，从活动、产品和顾客等综合因素来考虑，合理布局模块。

5.1.2 布局首页

下面以实例操作的形式介绍网店首页布局的流程。

1. 确定网店风格

店铺风格一般受品牌文化、产品信息、客户群、市场环境和季节等因素影响。但对于中小店铺而言，网店风格也能逆向决定品牌文化和客户群等。网店风格有很多种，如可爱风、欧美风和简约风等，选定一种风格是布局的前提。

 新手卖家可以参考同类网店，从而确定一种风格。

2. 选择系统模板

淘宝网店系统配置了不同的模板，选择系统模板是布局的前提。

> 视频路径：视频\第5章\5.1.2\2选择系统模板.mp4
> 知 识 点：选择系统模板

步骤 01 登录淘宝网，进入"卖家中心"页面，单击左侧栏中的"店铺装修"链接，如图5-6所示。

步骤 02 进入店铺装修后台，选择顶部的"模板管理"选项，如图5-7所示。

图5-6 单击"店铺装修"链接

图5-7 选择"模板管理"选项

步骤 03 在打开的页面中显示了3个可用的模板，单击"点击查看图片详情及操作"按钮，如图5-8所示。

步骤 04 弹出"模板详情"对话框，单击"应用"按钮，如图5-9所示。

图5-8 单击"点击查看图片详情及操作"按钮

图5-9 单击"应用"按钮

步骤 05 弹出"应用模板"对话框,单击"直接应用"按钮,如图5-10所示。

步骤 06 或者直接在模板下方单击"马上使用"按钮,如图5-11所示。

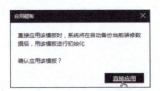

图5-10 单击"直接应用"按钮　　图5-11 单击"马上使用"按钮

步骤 07 操作成功后店铺模板即发生改变,如图5-12所示。

图5-12 店铺模板改变

3. 搭建首页框架

选定风格后,就可以进行布局了。淘宝店铺的页面包含多种元素,如店招、宝贝分类和店铺交流区等,其布局是可以进行编辑与设置的。

> 视频路径:视频\第5章5.1.2\3搭建首页框架.mp4
> 知 识 点:搭建首页框架

步骤 01 进入"店铺装修"页面,可以看到店铺的布局,如图5-13所示。

图5-13 "店铺装修"页面

步骤02 单击顶端的"布局管理"按钮,如图5-14所示。

步骤03 进入"布局管理"界面,如图5-15所示,选择栏目模块,上下拖动可以改变模块显示位置;单击模块右侧的"×"图标可以删除当前选择的栏目。

图5-14 单击"布局管理"按钮

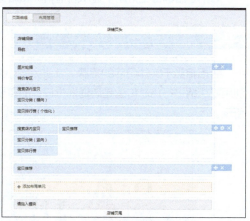

图5-15 "布局管理"界面

步骤04 单击"添加布局单元"链接,弹出"布局管理"对话框,如图5-16所示,根据需要像素选择添加单元。

步骤05 单击鼠标左键即可添加单元,如图5-17所示。

图5-16 添加布局

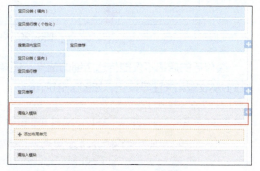

图5-17 单击"+"按钮

步骤06 在左侧选择需要添加的模块,拖入到右侧单元中,如图5-18所示。

步骤07 释放鼠标后,即可在该单元中添加该模块,如图5-19所示。

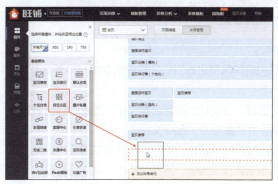

图5-18 单击"添加"按钮

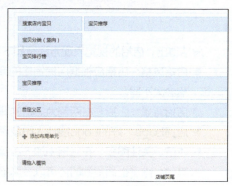

图5-19 添加模块

5.2 店招的设计

店招是店铺最上方用于显示店铺名称和店铺Logo的区域,本节将介绍店招的设计方法。

5.2.1 店招的视觉要点

店招相当于实体门店的招牌,在进入一个店铺的首页时,首先进入消费者眼球的就是店招,利用好店招进行信息传达是店铺视觉设计的重要步骤之一。未经装修的店招比较单一,如图5-20所示。

图5-20 未经装修的店招

装修后的店招不仅能传达店铺的信息,还能加深买家记忆。一般店招中包含店铺名称、店铺Logo及收藏和关注等按钮,如图5-21所示。

图5-21 装修后的店招

总结得出,店招的视觉表现方法有如下几点。

- **店招风格:** 店招应根据店铺销售的商品和店铺风格进行设计,如欧美女装与可爱女装的店招会大不同。
- **店招背景:** 店招左右两侧为店招的背景区域,在设计店招后还需要设计相应的店招背景。
- **店铺Logo:** 好的Logo能让人印象深刻,并能逐渐形成品牌文化。
- **收藏、关注图标:** 在店招中加入店铺收藏或关注的链接,能留住很多潜在的客户。
- **其他:** 除了上面提到的还可以在店招中添加店铺二维码、活动公告和关键字搜索等。

5.2.2 店招制作

默认的店招模块是950像素×120像素大小,下面通过实例介绍如何将制作好的店招装修到店铺中,本例使用Photoshop制作店招并装修到店铺中,图5-22所示为店招制作效果。

图5-22 店招制作效果

> 视频路径:视频\第5章\5.2.2 店招制作.mp4
> 知识点:制作店招

步骤01 新建一个950像素×120像素的空白文档,并拖入麻布纹理素材,如图5-23所示。

图5-23 拖入麻布纹理素材

步骤02 新建图层,选择椭圆选框工具及钢笔工具绘制图形,使用横排文字工具输入文字,如图5-24所示。

步骤03 使用矩形选框工具在图形中选择长矩形条,删除矩形条中的图像,效果如图5-25所示。

图5-24 绘制图形并输入文字

图5-25 删除图像

步骤04 新建图层,继续绘制图形。使用横排文字工具输入文字,然后选择字体并输入文字,如图5-26所示。

图5-26 输入文字

步骤05 制作完成后,保存为JPEG格式的图片。

> **提示** 若计算机中没有安装该字体,可打开本书光盘,找到相应的字体,将其粘贴到C:\Windows\Fonts中,对字体进行安装,安装完成后,需重新启动Photoshop。

5.2.3 装修店招

下面将制作好的店招设置链接并装修到店铺中。

- **视频路径** 视频\第5章\5.2.3装修店招.mp4
- **知识点** 装修店招

步骤01 启动Dreamweaver，新建HTML文件，插入图片。在"属性"面板中使用椭圆热点工具在图像上创建热点，并设置热点链接，如图5-27所示。

步骤02 在"代码"视图中将图片地址修改。选择所有代码进行复制备用。

步骤03 进入"店铺装修"页面，选择左侧的"配色"选项，在展开的面板中选择颜色，如图5-28所示。

图5-27 绘制热点热点链接　　　　　　图5-28 选择颜色

步骤04 在店招模块上单击"编辑"按钮，如图5-29所示。

图5-29 单击"编辑"按钮

步骤05 在弹出的对话框中取消"是否显示店铺名称"后的复选框，然后单击"自定义招牌"单选按钮，如图5-30所示。

图5-30 单击"自定义招牌"单选按钮

步骤06 在打开的对话框中单击"源码"按钮,在下方的文本框中粘贴代码,如图5-31所示。

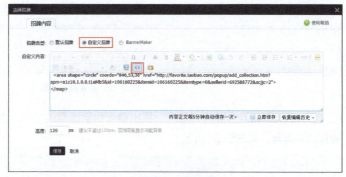

图5-31 粘贴代码

步骤07 单击"保存"按钮,即可看到店招装修的效果,如图5-32所示。

图5-32 店招装修效果

5.2.4 页头背景制作与装修

页头背景要和店招统一,才能营造更好的视觉效果。

> 视频路径:视频第5章\5.2.4 页头背景制作与装修.mp4
> 知 识 点:页头背景制作与装修

步骤01 打开店招文档,执行"图像"|"画布大小"命令,如图5-33所示。
步骤02 弹出对话框,单击↑按钮,修改单位为像素,设置宽度为1920像素,高度为150像素,如图5-34所示。

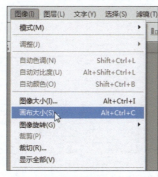

图5-33 执行"图像"|"画布大小"命令

图5-34 设置画布

步骤03 单击"确定"按钮,删除除了背景外的其他图层,图像效果如图5-35所示。

图5-35 删除其他图层

步骤04 按Ctrl+R组合键打开标尺,拖出参考线到图像的边缘。按Alt键快速复制图像,拖动位置使其铺满屏幕,如图5-36所示。

图5-36 复制图像

步骤05 在"图层"面板中选择所有图层,单击鼠标右键,执行"合并图层"命令,为透明区域填充颜色,如图5-37所示。

图5-37 填充颜色

步骤06 使用矩形选框工具选择参考线中间的图像,按Delete键删除,如图5-38所示。存储为png格式文件。

图5-38 删除中间图像

提示 Tips 为避免页头背景与店招之间衔接出现缝隙,在选择需要删除的店招区域时,可收缩选区,将删除的区域缩小1像素。执行"选择"|"修改"|"收缩"命令,如图5-39所示。弹出对话框,设置收缩量为1,单击"确定"按钮,如图5-40所示。

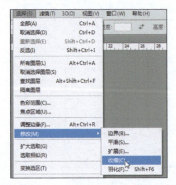

图5-39 执行"选择"|"修改"|"收缩"命令　　图5-40 单击"确定"按钮

第 5 章 店铺首页视觉设计

步骤 07 进入装修页面，选择左侧的"页头"选项，在展开的列表中单击"更换图片"按钮，如图5-41所示。

步骤 08 在打开的对话框中选择页头背景，单击"打开"按钮，如图5-42所示。

图5-41 单击"更换图片"按钮

图5-42 单击"打开"按钮

步骤 09 单击"打开"按钮。上传背景后单击"不平铺"和"居中"按钮，如图5-43所示。

步骤 10 关闭展开面板，单击右上角的"预览"按钮，如图5-44所示。

图5-43 单击"不平铺"和"居中"按钮

图5-44 单击"预览"按钮

步骤 11 最终效果如图5-45所示。

图5-45 最终效果图

131

5.3 导航的设计

导航是店招下高30像素的区域,是显示商品分类,便于浏览者快速地访问所需要的商品或信息的部分。

5.3.1 导航的视觉要点

导航中列出了店铺的分类信息,单击不同的分类可进入相应的分类页面或进入相应的二级菜单中,如在女装分类下还可以分为短袖、长袖、牛仔裤和裙装等。

在淘宝店铺中导航是默认存在,且不可删除的,如图5-46所示。若需要对导航进行装修,则可使用代码来完成。

图5-46 默认导航

另外,还可以将店招与导航合并装修,即在店招中加入导航,且设置店招的高度为150像素。图5-47所示为在店招中加入导航的装修效果。

图5-47 在店招中加入导航的装修效果

导航的装修要注意以下几点。
- 导航类目要明确清楚,以便卖家选择。
- 导航的文字与背景颜色要区别开。
- 导航与店招颜色要协调统一,导航不能过于花哨。

5.3.2　导航的装修

在淘宝店铺中默认的导航模块是不可删除的,但可以对导航进行CSS定义,以改变默认的颜色。

选择不同的模板样式,其导航的颜色也不同,但系统提供的模板样式有限,因此需要自己修改导航的颜色,图5-48所示为修改默认导航的效果。

图5-48　修改默认导航效果

> 视频路径：视频\第5章\5.3.2 导航的装修.mp4
> 知 识 点：导航的装修

步骤 01 进入装修后台,在店招模块右侧单击"编辑"按钮,如图5-49所示。

图5-49　单击"编辑"按钮

步骤 02 单击右下角的"添加"按钮,如图5-50所示。
步骤 03 在弹出的对话框中选中分类前的复选框,如图5-51所示。

图5-50　单击"添加"按钮

图5-51　选中复选框

133

步骤04 单击"确定"按钮,此时导航如图5-52所示。

图5-52 导航

步骤05 单击"显示设置"按钮,在下方的文本框中输入代码,如图5-53所示。
步骤06 单击"确定"按钮,查看效果,如图5-54所示。

图5-53 输入代码　　　　　　　　　　　　　　图5-54 查看效果

步骤07 添加其他代码,如图5-55所示。
步骤08 单击"确定"按钮后查看修改默认导航的效果,如图5-56所示。

图5-55 添加其他代码　　　　　　　　　　　　图5-56 修改默认导航的效果

1.若需要恢复到默认的导航,只需将代码删除即可。
2.导航上不同区域的代码如下。

导航条整个分类区域的背景色代码	
.skin-box-bd .menu-list{background: black;}	注释:颜色代码可以用英文单词表示也可以用十六进制表示,如黑色的代码:black或者#000000。还可以使用图片表示,代码为:url(图片链接)
导航条背景色代码	
.skin-box-bd{ background: black;}	注释:修补导航右侧的缺口
静态背景(如"首页"和"店铺动态"等)颜色代码	
.skin-box-bd .menu-list .link{background: black;}	

134

（续表）

"所有分类"类目的背景色代码	
.all-cats .link{background: black;}	注释："所有分类"在系统默认导航条的最左边一栏
二级分类的背景颜色代码	
.popup-content{background: gray;}	注释：二级分类即单击"所有分类"类目后，展开的下拉菜单
三级分类的背景颜色代码	
.popup-content .cats-tree .snd-pop-inner{ background: black;}	
"所有分类"类目右侧的分割线颜色代码	
.all-cats .link{border-color: gray;}	
"首页"等其他类目右侧的分割线颜色代码	
.menu-list .menu{border-color: gray;}	
"所有分类"类目的文字颜色代码	
.all-cats .link .title{color: white;}	
"首页"等其他类目的文字颜色代码	
.menu-list .menu .title{color: white;}	
二级分类下的文字颜色代码	
.popup-content .cat-name{color: gray;}	
三级分类下的文字颜色代码	
.popup-content .cats-tree .snd-pop-inner .cat-name {color: gray;}	
鼠标滑过"所有分类"类目变换颜色代码	
.all-cats-hover .link{background:blue;}	
鼠标滑过"首页"等其他导航类目变换颜色代码	
.menu-list .menu-hover .link{background:blue;}	
鼠标滑过二级分类变换背景颜色代码	
.popup-content .cats-tree .cat-hd-hover{background:blue;}	
鼠标滑过三级分类变换背景颜色代码	
.popup-content .cats-tree .snd-cat-hd-hover{background:blue;}	
鼠标滑过"所有分类"类目，文字的变换颜色代码	
.all-cats-hover .link .title{color:red;}	
鼠标滑过"首页"等其他类目，文字的变换颜色代码	
.menu-list .menu-hover .title{color:red;}	
鼠标滑过二级分类，文字的变换颜色代码	
.popup-content .cat-hd-hover .cat-name{ color:red;}	
鼠标滑块三级分类，文字的变换颜色代码	
.popup-content .cats-tree .snd-cat-hd-hover .cat-name{ color:red;}	
背景透明导航代码	
.skin-box-bd{background:none;}.menu-list{background:none;}.link{background:none;}.menu{background:none;}.all-cats{background:none;}	
添加底纹代码	
.menu-list .menu{border-radius:12px;overflow:hidden;}	
一级分类宽度代码	
.menu-list .menu{background:#颜色;margin:0;padding:0px 增加的宽度px;}	

（续表）

"所有分类"右侧的箭头图标	
.all-cats .link .popup-icon{background:url(图片链接);}	注释：图片链接中需要填写链接地址，若不填写则原有的箭头图标不显示
二级分类右侧图标代码	
.popup-content .cats-tree .fst-cat-icon{background:url(图片链接);}	
三级分类前添加小白点	
.popup-content .cats-tree .snd-cat-icon{display:block;height:3px;width:3px;}	
下拉菜单半透明	
.popup-content{filter: alpha(opacity=50);opacity: 0.5;}	

5.3.3 店招和导航装修

下面将制作包含导航的店招，尺寸为1920像素×150像素。高度为店招的120像素和导航30像素。宽度为店招的950像素和店招背景的970像素。

当装修高度150像素的店招时，必然会使店铺中默认的导航被遮盖，图5-57所示为店招和导航的装修效果。

图5-57 店招和导航的装修效果

1. 制作效果图

> 视频路径：视频\第5章\5.3.3\1制作效果图.mp4
> 知识点：制作效果图

步骤01 启动Photoshop，执行"文件"|"新建"命令，打开"新建"对话框，设置宽度和高度的参数为1920像素×150像素，如图5-58所示。

步骤02 单击"确定"按钮，新建文档。单击前景色，在弹出的"拾色器"对话框中选择一种浅绿色，如图5-59所示。

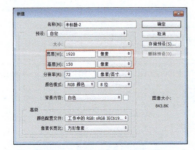

图5-58 设置宽度和高度的参数

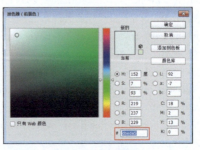

图5-59 选择颜色

步骤 03 按Alt+Delete组合键填充前景色，如图5-60所示。

图5-60 填充颜色

步骤 04 新建图层，设置前景色为绿色（#497861），使用画笔工具绘制图形，如图5-61所示。

图5-61 绘制图形

步骤 05 选择图层，按Ctrl键并单击图层缩览图，将图层载入选区。使用矩形选框工具，在选区上单击鼠标右键，执行"调整边缘"命令，如图5-62所示。

步骤 06 在弹出的对话框中设置"平滑"参数，如图5-63所示，预览效果合适后，单击"确定"按钮。

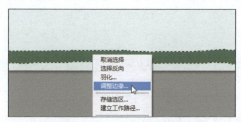 

图5-62 执行"调整边缘"命令　　图5-63 设置"平滑"参数

步骤 07 按Alt+Delete组合键填充前景色，效果如图5-64所示。

图5-64 填充颜色效果

步骤 08 使用钢笔工具，在选项栏中选择工具模式为形状，填充为无，描边颜色为绿色，描边的宽度为2点，如图5-65所示。

图5-65 设置选项栏参数

步骤 09 绘制图形，最终效果如图5-66所示。

图5-66 绘制图形

步骤 10 使用横排文字工具,输入文字,如图5-67所示。

图5-67 输入文字

步骤 11 新建图层,绘制一个白色矩形,并输入红色的文字,如图5-68所示。

图5-68 绘制矩形并输入文字

步骤 12 新建图层,使用画笔工具绘制椭圆,如图5-69所示。

图5-69 绘制椭圆

步骤 13 使用横排文字工具输入文字"收藏",如图5-70所示。

图5-70 输入文字

步骤 14 用同样的方法添加店铺名称及店铺Logo,最终效果如图5-71所示。

图5-71 添加店铺名称及Logo

步骤 15 按Ctrl+Alt+Shift+E组合键盖印可见图层。使用矩形工具绘制一个950像素×150像素的矩形,并与导航图层对齐,如图5-72所示。

图5-72 绘制矩形

步骤 16 按Ctrl键并单击矩形的图层缩览图,将其载入选区。隐藏该图层,选择导航图层,按

Ctrl+J组合键将店招区域复制到新的图层。

步骤 17 将矩形载入选区，按Ctrl+Shift+I组合键反选。选择导航图层，按Ctrl+J组合键将店招背景区域复制到新的图层。

步骤 18 按Alt键并单击店招背景图层前的眼睛图标，将其他图层隐藏。将其保存为JPEG格式文件。

步骤 19 用同样的方法，隐藏其他图层，仅显示导航与店招图层，如图5-73所示。

图5-73 显示导航与店招图层

步骤 20 使用裁剪工具裁剪图像，如图5-74所示，按Enter键确定裁剪。

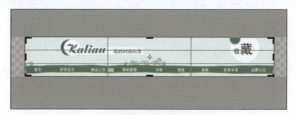

图5-74 裁剪图像

 在裁剪导航背景时可将店招部分也裁剪一部分进去，以免在后面装修时留下缝隙。

2. 生成代码

- 视频路径：视频\第5章\5.3.3\2生成代码.mp4
- 知识点：生成代码

步骤 01 保存文件为JPEG格式，并上传到图片空间，单击"复制链接"按钮，如图5-75所示。

步骤 02 打开Dreamweaver CC，单击"新建"中的"HTML"按钮，如图5-76所示。

图5-75 单击"复制链接"按钮

图5-76 单击"HTML"按钮

步骤 03 执行"插入"|"图像"|"图像"命令，如图5-77所示。

步骤 04 打开对话框，在文件名中粘贴链接，如图5-78所示。

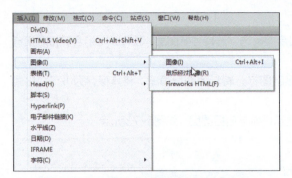

| 图5-77 执行"插入"|"图像"|"图像"命令 | 图5-78 粘贴链接 |

步骤 05 单击"确定"按钮后即插入图片,如图5-79所示。
步骤 06 选中图片,然后使用"属性"面板中的矩形热点工具,如图5-80所示。

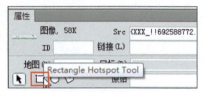

图5-79 插入图片　　　　　　　　　图5-80 使用矩形热点工具

 若插入的图片没有正常显示,如图5-81所示。可将文档进行保存后重新打开。

图5-81 图片没有正常显示

步骤 07 在导航菜单上绘制热点,弹出对话框,单击"确定"按钮,如图5-82所示。
步骤 08 在"属性"面板中修改链接,如图5-83所示。

图5-82 单击"确定"按钮　　　　　　图5-83 修改链接

步骤 09 绘制多个热点，使用指针热点工具，如图5-84所示。
步骤 10 调整热点区域的大小与位置，如图5-85所示。

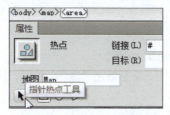

图5-84 选择指针热点工具

图5-85 调整热点区域

步骤 11 还可以使用椭圆热点工具绘制圆形热点，分别设置链接，如图5-86所示。

图5-86 绘制热点

步骤 12 选择热点，在"属性"面板中设置链接地址，如图5-87所示。
步骤 13 用同样的方法，设置所有热点的链接地址。

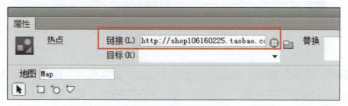

图5-87 设置热点链接地址

步骤 14 进入"代码"视图，将<body>与</body>中间的代码选中，按Ctrl+C组合键进行复制，如图5-88所示。

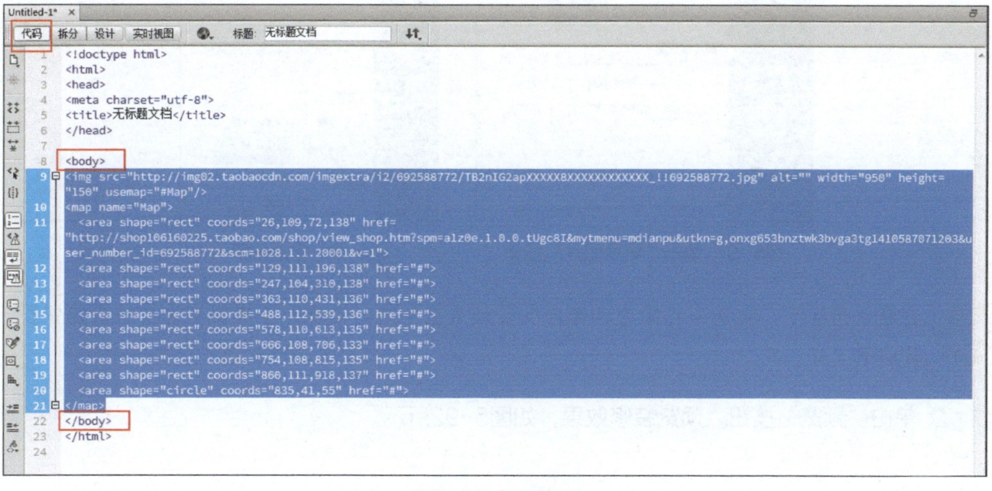

图5-88 复制代码

3. 装修店招

> 视频路径：视频\第5章\5.3.3\3装修店招.mp4
> 知 识 点：装修店招

步骤01 进入装修后台，在店招模块右上角单击"编辑"按钮。

步骤02 打开对话框，单击"自定义招牌"单选按钮，然后单击"源码"按钮，按Ctrl+V组合键粘贴代码，在高度中输入150，如图5-89所示。

步骤03 单击"保存"按钮保存且关闭"店铺招牌"对话框。

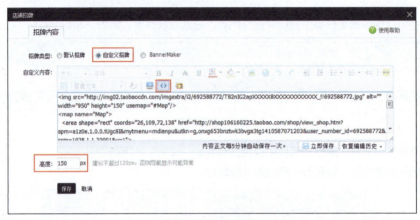

图5-89 装修店招

步骤04 单击左侧的"页头"按钮，在展开的面板中单击"更换图片"按钮，如图5-90所示。

步骤05 选择图片后，单击"不平铺""居中"和"关闭"按钮，如图5-91所示。

图5-90 单击"更换图片"按钮　　　　图5-91 单击按钮

> **提示** 在默认情况下，页头下边距为10像素的区域是显示的。这里为了店招与海报的衔接完整，故将其关闭。

步骤06 单击"预览"按钮，预览装修效果，如图5-92所示。

图5-92 预览装修效果

5.4 首页海报/轮播图设计

首页海报/轮播图一般位于导航的下方，占有较大的面积，是顾客进入店铺首页中看到的最醒目区域，利用好轮播图，不仅具有震撼感，还能使顾客第一时间了解店铺的活动和促销信息。

5.4.1 海报的视觉要点

轮播图也就是多张海报进行循环播放，因此这里要介绍的就是海报的视觉要点。

1. 主题

海报的制作需要有一个主题，无论是新品上市还是活动促销，主题选定后才能围绕这个方向确定海报的文案和信息等。海报的主题以产品加上描述体现，将描述提炼成简洁的文字，并将主题内容放置在海报的第一视觉中心，能比较高效且直接地让消费者一眼就能知道所表达的内容。

一个海报基本由3个部分组成，即产品、背景和文案。

● **背景**：根据产品和活动来选择合适的背景。背景分为颜色背景、场景背景及纹理背景，如图5-93所示。

图5-93 海报背景

- **文案**：文案的字体不超过3种，用粗大的字体突出主题。文案分主题内容、副标题和说明性文字，把握好主次关系，适量留白，让顾客在浏览的过程中能够轻易地抓住画面信息的重点，提高阅读体验。
- **产品信息**：海报中突出产品特色、产品卖点等产品信息，使用消费者一目了然。

2. 构图

海报的构图就是处理好图片和文字之间的位置关系，使其整体和谐，并突出主体。

- **左右构图**：比较典型的构图方式，一般为左图右文或左文右图两种模式，如图5-94所示。这种构图比较沉稳，平衡。

图5-94 左右构图

- **左右三分式构图**：海报两侧为图片，中间为文字，相比于左右构图更具层次感，如图5-95所示，为了突出主次，可将两边的图片设置为不同大小。

图5-95 左右三分式构图

- **上下构图**：分为上图下文和上文下图两种，如图5-96所示。

图5-96 上下构图

- **底面构图**：底部一层为图片，中层通过添加半透明的区域，来确定文字部分，上层为文字，如图5-97所示。

图5-97 底面构图

- **斜切构图**：斜切式构图会让画面显得时尚、动感、活跃，但是画面平衡感不是很好控制。一般斜切式的文案倾斜角度最好不要大于30，不然需要歪着头阅读。另外根据阅读习惯，文字一般是往右上方倾斜，文字这样有一种上升感，如图5-98所示。

图5-98 斜切构图

3. 配色

海报的配色十分关键，画面的色调会营造一种氛围。在配色中，对重要的文字信息用突出醒目的颜色进行强调，以清晰的明暗对比传递画面信息及以不同的配色来确定相应的风格。

5.4.2 海报图制作

下面介绍海报图的制作方法，图5-99所示为制作效果图。

图5-99 海报制作效果图

> 视频路径：视频第5章\5.4.2 海报图制作.mp4
> 知识点：海报图制作

步骤01 使用Photoshop打开素材图片，如图5-100所示。

步骤02 执行"图像"|"图像大小"命令，在弹出的对话框中修改分辨率为92，如图5-101所示。单击"确定"按钮即可修改分辨率。

图5-100 打开素材图片

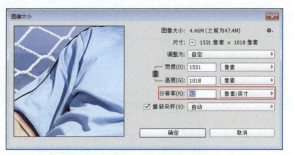

图5-101 单击"确定"按钮

步骤03 使用裁剪工具，拖出裁剪区域，如图5-102所示。
步骤04 按Enter键确定裁剪，效果如图5-103所示。

图5-102 拖出裁剪区域　　　　　　　　图5-103 裁剪后效果

步骤05 执行"图像"|"画布大小"命令，打开"画布大小"对话框，在打开的对话框中设置宽度为1440像素，高度为600像素，如图5-104所示。单击"确定"按钮完成设置。
步骤06 使用套索工具绘制一个选区，如图5-105所示。

图5-104 设置画布参数　　　　　　　　图5-105 绘制选区

 通常的全屏海报尺寸宽度为1440像素、1680像素和1920像素3种，这里设置为1440像素。

步骤07 在图像上单击鼠标右键，执行"羽化"命令，弹出对话框，设置羽化半径参数为20，如图5-106所示。单击"确定"按钮完成设置。
步骤08 执行"滤镜"|"模糊"|"高斯模糊"命令，弹出对话框，设置模糊参数，如图5-107所示。

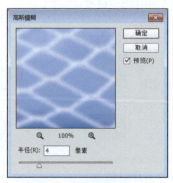

图5-106 设置羽化半径参数　　　　　　图5-107 设置模糊参数

步骤09 单击"确定"按钮。按Ctrl+D组合键取消选区,图像效果如图5-108所示。

图5-108 图形效果

步骤10 使用横排文字工具输入文字,如图5-109所示。
步骤11 使用矩形工具绘制矩形,然后输入文字,如图5-110所示。

图5-109 输入文字　　　　　　　　　图5-110 绘制矩形并输入文字

步骤12 用同样的方法,绘制其他矩形并输入文字,完成效果如图5-111所示。

图5-111 完成效果

步骤13 用同样的方法,制作另外的海报图,如图5-112所示。

图5-112 制作另外的海报图

制作轮播效果,至少需要两张海报图。

步骤 14 将海报图上传到图片空间。在Dreamweaver中插入图片并设置热点与链接，如图5-113所示。

步骤 15 复制代码视图中的代码，粘贴到本书光盘中的代码文档的红框中，如图5-114所示。复制所有代码备用。

图5-113 设置热点与链接

图5-114 粘贴代码

5.4.3 全屏海报图装修

下面介绍海报图的装修方法。

- 视频路径：视频\第5章\5.4.3 全屏海报图装修.mp4
- 知 识 点：全屏海报图装修

步骤 01 进入"店铺装修"页面，选择"模块"选项，在展开的面板中选择"自定义区"模块，如图5-115所示。

步骤 02 拖动到右侧页面中，如图5-116所示。

图5-115 选择"自定义区"模块

图5-116 拖动到右侧

步骤 03 释放鼠标后添加模块，单击模块右上角的"编辑"按钮，如图5-117所示。

图5-117 单击"编辑"按钮

第 5 章 店铺首页视觉设计

步骤 04 打开对话框，单击"不显示"单选按钮，然后选中"编辑源代码"复选框，如图5-118所示。

图5-118 选中"编辑源代码"复选框

步骤 05 在中间的文本区域粘贴代码，然后单击"确定"按钮，如图5-119所示。

步骤 06 单击"预览"按钮，预览装修效果，如图5-120所示。

图5-119 单击"确定"按钮　　　　　　　图5-120 预览装修效果

5.4.4 全屏轮播图装修

全屏轮播图装修可以直接套用代码，然后对代码中的尺寸进行修改即可。

> 视频路径：视频\第5章\5.4.4全屏轮播图装修.mp4
> 知 识 点：全屏轮播图装修

步骤 01 将海报图及箭头图上传到淘宝空间中。

步骤 02 启动Dreamweaver，在"代码"视图中将光标移至第8行后，按Enter键换行，粘贴本书光盘中的代码，如图5-121所示。

步骤 03 找到<img src=，将后面的图片的地址修改为图片空间的地址，如图5-122所示。

步骤 04 将href=后面的链接修改为宝贝的链接，复制代码备用。

图5-121 粘贴代码　　　　　　　图5-122 修改图片地址

步骤 05 进入装修后台,在"自定义内容区"模块的"编辑源代码"模式中粘贴代码。
步骤 06 确定后发布装修,最终效果如图5-123所示。

图5-123 最终效果

 本实例为两张图轮播,若需修改为3张图或4张图轮播,可在代码中添加一组或两组"<li>…</li>"。

5.5 宝贝陈列展示区设计

宝贝陈列展示区是首页最重要的模块,可以帮助买家快速地了解店铺宝贝以及影响买家的购买决策。

5.5.1 宝贝陈列展示的视觉要点

宝贝陈列展示的要点如下。

- **商品类别明确**:对同类商品进行陈列,可以使商品显得丰富、整洁、美观且视觉冲击力强,如图5-124所示。

图5-124 商品类别明确

- **突出产品**:通过背景和商品的对比,突出产品信息。
- **主次分明**:对于需要主推的商品或爆款商品,采用不同的排列方式或通过色彩对比,做到重点突出，主次分明，如图5-125所示。

图5-125 主次分明

- **图文对应**：对于混排的宝贝，描述和价格等文字需要对应商品，避免混淆，如图5-126所示。
- **突出价格与购买按钮**：价格写法统一，对价格与购买按钮进行放大、加粗和使用对比色等操作，使其突出显示，同时弱化不重要的信息，如图5-127所示。

图5-126 图文对应　　　　　　　　　图5-127 突出价格与购买按钮

5.5.2 宝贝推荐模块设置

淘宝默认宝贝陈列方式为一行多列的常规展示，下面介绍如何设置。

> 视频路径：视频\第5章\5.5.2宝贝推荐模块设置.mp4
> 知　识　点：宝贝推荐模块设置

步骤01 在装修后台的"模块"选项下选择"宝贝推荐"模块，如图5-128所示。
步骤02 将其拖入右侧店铺中，然后单击模块上的"编辑"按钮，如图5-129所示。

图5-128 选择"宝贝推荐"模块　　　　图5-129 单击"编辑"按钮

步骤03 在打开的对话框中可以设置自动推荐或手动推荐宝贝,如图5-130所示。

步骤04 单击"显示设置"按钮,在切换的界面中可以设置展示的方法与是否显示折扣和评论等内容,如图5-131所示。

图5-130 设置自动推荐或手动推荐宝贝　　图5-131 显示设置

步骤05 设置后单击"保存"按钮,即可看到设置效果,如图5-132所示。

图5-132 设置效果

5.5.3 自定义展示区制作

宝贝展示区的重点在于展示宝贝,因此无需添加多余的东西,使用简单的宝贝描述或价格即可。

> 视频路径：视频\第5章\5.5.3自定义展示区制作.mp4
> 知 识 点：自定义展示区制作

步骤01 新建空白文档,尺寸为950像素×927像素,填充背景为浅蓝色。使用绘图工具绘制图形,如图5-133所示。

步骤02 使用横排文字工具输入文字,如图5-134所示。

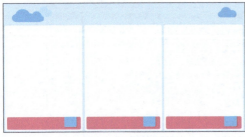

图5-133 绘制图形　　　　　　　　图5-134 输入文字

步骤 03 将宝贝图拖入文档中并调整大小,然后输入相应的文字,完成效果如图5-135所示。

步骤 04 复制图层并修改图片与文字,效果如图5-136所示。

图5-135 添加宝贝图

图5-136 复制并修改

步骤 05 下面制作宝贝展示区2,新建文档并绘制图形,如图5-137所示。

步骤 06 使用横排文字工具输入文本,如图5-138所示。

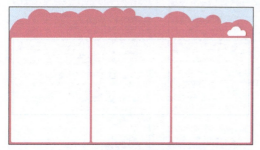

图5-137 绘制图形

图5-138 输入文本

步骤 07 将宝贝图拖入舞台中并输入文字,如图5-139所示。

步骤 08 用同样的方法制作其他展示区,然后使用前面介绍的方法为其添加热点与链接,最后装修到店铺中即可。

图5-139 添加宝贝图

除此之外，还可以使用Photoshop切片工具，切片后修改图片地址与链接，最后装修到店铺中。

5.5.4 个性展示区

本实例将制作一款个性分类的效果。图5-140所示为效果图，点击不同的分类，可切换至相应的宝贝分类页面。

图5-140 效果图

- 视频路径：视频\第5章\5.5.4个性展示区.mp4
- 知 识 点：个性展示区制作

步骤 01 新建空白文档，尺寸为1020像素×160像素。

步骤 02 使用画笔工具，执行"窗口"|"画笔"命令，打开"画笔"面板，选择"形状动态"复选框，在右侧设置大小抖动和最小直径等参数，如图5-141所示。

步骤 03 选中"散布"复选框，设置相应的参数，如图5-142所示。

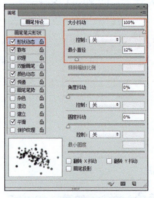 

图5-141 设置形状动态参数　　图5-142 设置散布参数

步骤 04 选中"颜色动态"复选框，设置相应的参数，如图5-143所示。

步骤 05 选中"传递"复选框，设置相应的参数，如图5-144所示。

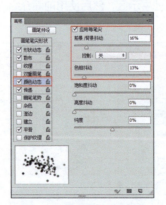 

图5-143 设置颜色动态参数　　图5-144 设置传递参数

步骤 06 在画布上单击鼠标,即可绘制出大小不一的椭圆,如图5-145所示。

步骤 07 使用钢笔工具,在选项栏中设置"形状",填充色为白色,描边颜色为#fab263,大小为4点,选择虚线,如图5-146所示。

步骤 08 在画布上绘制出一个随意的形状,如图5-147所示。

图5-145 绘制椭圆

图5-146 设置钢笔参数

图5-147 绘制形状

步骤 09 使用自定形状工具,在选项栏中设置填充颜色为#fd7f04,描边颜色为#fab263,大小为4点且虚线,形状为"云彩1",如图5-148所示。

图5-148 设置自定形状工具的选项栏

步骤 10 在画布中绘制云朵。按Alt键并拖动形状,快速复制,在选项栏中将复制的形状填充颜色修改为#7ecef4,笔触颜色为#00a0e9,如图5-149所示。

步骤 11 在"图层"面板中单击"添加图层样式"按钮,在弹出的列表中选择"投影"选项,如图5-150所示。

图5-149 绘制云朵　　图5-150 选择"投影"选项

步骤 12 在打开的对话框中设置投影的参数,如图5-151所示。

步骤 13 用同样的方法,快速复制多个形状并依次调整位置,如图5-152所示。

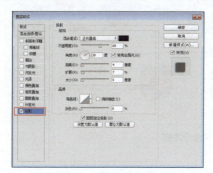
图5-151 设置投影参数

图5-152 复制形状并调整位置

155

步骤 14 使用钢笔工具绘制连接多个云朵的虚线,如图5-153所示。
步骤 15 使用横排文字工具,在每个云朵相应的位置输入文字,如图5-154所示。

图5-153 绘制虚线　　　　　　　　图5-154 输入文字

步骤 16 打开宝贝图,将多个宝贝拖入文档并调整大小与位置,如图5-155所示。
步骤 17 使用横排文字工具,输入各宝贝相应的描述与价格,如图5-156所示。

图5-155 拖入宝贝　　　　　　　　图5-156 输入文字

> **提示** 当宝贝图非白色底图时,可以将宝贝抠出来,或者使用橡皮擦工具,在画布中单击鼠标右键,选择柔角,对宝贝的周围进行擦除。

步骤 18 用同样的方法,制作其他分类图,如图5-157所示。

图5-157 制作其他分类图

> **提示** 制作分类图时要注意将当前分类的颜色与其他分类颜色区分开。

第 5 章 店铺首页视觉设计

步骤 19　使用Dreamweaver打开本书光盘中的代码,将图片地址修改。在拆分视图中可以看到右侧显示的设计图效果,如图5-158所示。

图5-158　设计图效果

步骤 20　由于需要对每张图的热点区域进行设置,因此需要显示所有的图片,在代码区域中将第18行代码中的height:760px;overflow:hidden;选中,如图5-159所示。

步骤 21　按Delete键将其暂时删除。在"属性"面板中单击"刷新"按钮,如图5-160所示,刷新代码。

图5-159　选中代码

图5-160　单击"刷新"按钮

步骤 22　使用矩形热点工具新建热点,然后使用热点选择工具调整热点区域,为每个宝贝添加热点区域,如图5-161所示。

步骤 23　用同样的方法,使用多边形热点工具或椭圆热点工具创建其他分类的热点,如图5-162所示。

图5-161　调整热点

图5-162　创建其他热点

157

步骤 24 热点全部修改完成后,将之前删除的代码重新添加到原位置,如图5-163所示。

步骤 25 将代码保存并全选复制后进入装修后台,将代码粘贴到"自定义内容区"中,如图5-164所示。

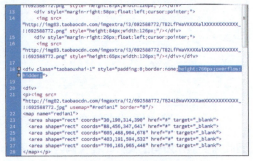
图5-163 添加代码到原位置

图5-164 粘贴代码

步骤 26 对装修效果进行预览或发布,最终效果如图5-165所示。

图5-165 装修效果

5.6 分类引导设计

分类是引导顾客购买的重要模块,系统自带的模块比较单一,我们可以根据店铺的活动和特色等进行不同的分类,图5-166所示为本节中制作的分类图装修效果。

图5-166 装修效果

- 视频路径 视频\第5章\5.6 分类引导设计.mp4
- 知识点 分类引导设计

步骤01 启动Photoshop，新建一个空白文档，设置尺寸为1920像素×165像素，背景颜色为#fff5da，如图5-167所示。

步骤02 使用椭圆工具绘制一个椭圆，如图5-168所示。

图5-167 设置参数

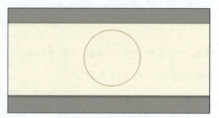

图5-168 绘制椭圆

步骤03 选择椭圆图层，单击鼠标右键，执行"栅格化图层"命令，如图5-169所示。

步骤04 使用橡皮擦工具将椭圆擦除一部分，如图5-170所示。

图5-169 执行"栅格化图层"命令

图5-170 擦除部分

步骤05 使用自定形状工具绘制一个圆和一个箭头形状，并使用任意变形工具调整角度，效果如图5-171所示。

步骤06 使用直排文字工具输入文本，如图5-172所示。

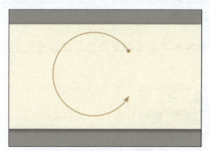

图5-171 绘制图形并调整角度

图5-172 输入文本

步骤07 在"图层"面板中将图层整理到一个文件夹。复制多个文件夹,分别调整位置并修改文本,如图5-173所示。

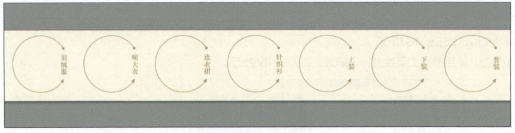

图5-173 复制并修改文本

 单击"图层"面板下方的"创建新组"按钮即可新建文件夹,如图5-174所示,然后将需要的图层拖入到文件夹中即可。

图5-174 单击"创建新组"按钮

步骤08 将宝贝图添加到文档中并调整大小,如图5-175所示。

图5-175 添加宝贝图

 使用选择工具选择所有文件夹,在选项栏中单击"水平居中分布"按钮可将分类均匀分布,如图5-176所示。

图5-176 单击"水平居中分布"按钮

第 5 章　店铺首页视觉设计

步骤 09　使用Dreamweaver打开代码，将代码中的图片链接进行修改，然后使用椭圆热点工具绘制热点，如图5-177所示。

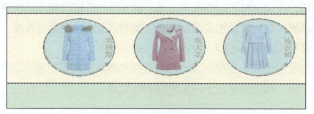

图5-177　新建热点

步骤 10　为热点设置链接后全选代码，按Ctrl+C组合键进行复制，粘贴到装修页面的"自定义内容区"中，预览装修效果，如图5-178所示。

图5-178　预览装修效果

5.7　店铺页尾设计

店铺的页尾是店铺的最后一屏，这个部分的灵活性很大，但很多卖家在装修时却忽略了页尾这一重要的部分。

5.7.1　页尾的视觉要点

页尾的作用不可小觑，页尾中包含很强大的信息量，包括店铺申明和公告之类的信息，在为买家提供方便的同时体现店铺的全方位服务。店铺页尾设计多使用简短的文字加上代表性的图标来传达相关信息，图5-179所示为一款比较有代表性的页尾设计。

图5-179　页尾设计

通过以上几个方案可以总结得出，一般的页尾包含以下几点。
- **店铺底部导航**：便于用户选择。
- **返回顶部按钮**：在页面过长的情况下，加上返回顶部链接以便用户快速地跳转到顶部。
- **收藏、分享店铺**：在页尾添加收藏和分享店铺的链接能方便买家收藏，留住客户。
- **旺旺客服**：便于买家联系客服，更多地解决顾客问题。
- **温馨提示**：如发货须知、买家必读、购物流程和默认快递等信息可以帮助顾客快速解决购物过程中的问题，减少买家对于常见问题的咨询量。

5.7.2 页尾的制作与装修

视频路径：视频\第5章\5.7.2 页尾的制作与装修.mp4
知 识 点：页尾的制作与装修

步骤 01 运行Photoshop，新建空白文档，设置文档大小为950像素×200像素，如图5-180所示。

步骤 02 按Ctrl+A组合键全选文档，单击鼠标右键，执行"描边"命令，如图5-181所示。

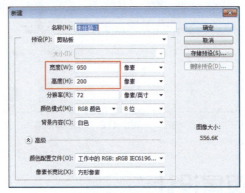

图5-180 设置文档大小　　图5-181 执行"描边"命令

步骤 03 弹出"描边"对话框，设置宽度参数为1像素，颜色为灰色，单击"内部"单选按钮，如图5-182所示。

步骤 04 新建图层，使用矩形选框工具绘制选区并填充绿色，如图5-183所示。

图5-182 描边设置　　图5-183 绘制选区并填充颜色

步骤 05 新建图层并绘制圆形，然后绘制一个三角形，如图5-184所示。

图5-184 绘制图形

步骤 06 使用横排文字工具输入文字,在"字符"面板中设置字体和大小,单击"仿斜体"按钮,如图5-185所示。

步骤 07 调整文字的位置,效果如图5-186所示。

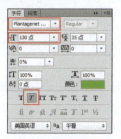

图5-185 设置文字　　　　　　　　图5-186 文字效果

步骤 08 使用横排文字工具输入其他文字,如图5-187所示。

步骤 09 新建图层,使用矩形选框工具绘制选区并填充白色,如图5-188所示。

图5-187 输入文字　　　　　　　　　　　图5-188 绘制选区并填色

步骤 10 使用多边形套索工具将矩形的右下角选中,如图5-189所示,按Delete键删除。

步骤 11 新建图层,绘制折角,设置颜色为绿色,并在"图层"面板降低图层的不透明度,如图5-190所示。

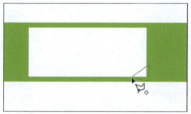 

图5-189 选中区域　　　　　　　　　　图5-190 填充颜色

步骤 12 输入文字并使用直线工具绘制直线,如图5-191所示。

步骤 13 使用直线工具,设置颜色为灰色,绘制直线并复制,如图5-192所示。

图5-191 绘制　　　　　　　　　　　　图5-192 绘制直线并复制多个

步骤 14 输入文字并添加图片,完成页尾的制作,如图5-193所示。

图5-193 完成制作

步骤 15 保存为JPEG格式，用前面介绍的方法对图片设置热点，并设置链接。复制代码备用。

步骤 16 进入装修后台，将"自定义区"模块拖入页尾，如图5-194所示。

图5-194 拖入"自定义区"

步骤 17 在"自定义内容区"模块上单击"编辑"按钮，在打开的对话框中选中"编辑源代码"复选框，粘贴代码，如图5-195所示。

步骤 18 单击"确定"按钮，预览页尾装修效果，如图5-196所示。

图5-195 粘贴代码

图5-196 页尾装修效果

5.8 首页其他装修

5.8.1 添加收藏链接

店铺与宝贝的"收藏"链接都是经常用到的链接。

1. 获取收藏链接

收藏链接的获取方法也很简单。

- 视频路径：视频\第5章\5.8.1\1获取收藏链接.mp4
- 知 识 点：获取收藏链接

步骤 01 打开一个店铺，在页面右上角的"收藏店铺"上单击鼠标右键，执行"复制链接地址"命令，如图5-197所示，即可获取该店铺的收藏链接。

图5-197 执行"复制链接地址"命令

第 5 章 店铺首页视觉设计

步骤 02 获取宝贝的收藏链接也是如此，打开一个宝贝，在主图下方的"收藏宝贝"上单击鼠标右键，执行"复制链接地址"命令，如图5-198所示。

图5-198 执行"复制链接地址"命令

2. 使用收藏链接

> 视频路径：视频\第5章\5.8.1\2 使用收藏链接.mp4
> 知 识 点：使用收藏链接

步骤 01 在装修后台添加一个"自定义区"模块，在模块上单击"编辑"按钮，如图5-199所示。

步骤 02 在打开的对话框中单击"插入图片空间图片"按钮，如图5-200所示。

图5-199 单击"编辑"按钮

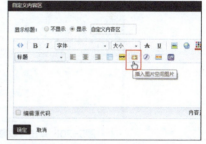

图5-200 单击"插入图片空间图片"按钮

步骤 03 在展开的面板中选择图片，单击底部的"插入"按钮，如图5-201所示。

步骤 04 插入后选择图片，单击"编辑"按钮，如图5-202所示。

图5-201 单击"插入"按钮

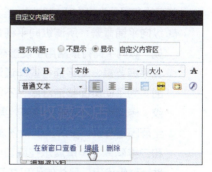

图5-202 单击"编辑"按钮

步骤05 打开对话框，在链接网址中粘贴前面复制的收藏链接，如图5-203所示。

步骤06 单击"确定"按钮，如图5-204所示。

图5-203 粘贴链接　　　　　　　　图5-204 单击"确定"按钮

步骤07 预览装修效果，单击"收藏"图片，如图5-205所示。

步骤08 打开页面显示如图5-206所示的内容，表示收藏链接添加成功。

图5-205 单击"收藏"图片　　　　　图5-206 显示收藏

5.8.2 页面背景

店铺的特色及风格很大程度上由背景决定。另外，还可以充分利用背景区域，在背景中添加店铺优惠信息和活动提示等文字内容。

1. 首页背景分类

首页的背景分为横向平铺背景、全平铺背景和全屏固定背景3种。

- **纵向平铺背景**：所谓纵向平铺背景，即整个店铺的页面背景是由一小块背景竖向平铺而成。纵向平铺背景常用于设置花边和阴影，如图5-207所示。
- **全平铺背景**：全平铺背景即通过对一张图片进行横向和纵向平铺而生成衔接自然的背景图。为了使页面整洁舒服，不能使用图案过花，颜色杂乱的背景图。全平铺背景常用花纹、砖墙和布料等各种纹理效果，图5-208所示为全平铺背景。
- **全屏固定背景**：全屏固定背景通常是一张照片或在背景中添加几列文字，如店铺优惠信息和二维码等，全屏展示在网页中，在页面下拉时背景不会移动。此种背景的实现需要借助HTML代码，具体的代码在后面会进行介绍。全屏固定背景的制作不能使用过大的背景图，以免影响网页加载与运行的速度。图5-209所示为全屏固定背景。

第 5 章 店铺首页视觉设计

图5-207 纵向平铺背景

图5-208 全平铺背景

图5-209 全屏固定背景

2. 全平铺式背景

在不确定网页高度的情况下，使用背景平铺是最常见的一种方法，下面介绍如何将背景平铺装修。

- 视频路径：视频\第5章\5.8.2\2 全平铺式背景.mp4
- 知识点：全平铺式背景装修

步骤 01 在网上下载或使用Photoshop制作好背景图，如图5-210所示。

步骤 02 在"店铺装修"页面中单击"页面"选项，单击"更换图片"按钮，如图5-211所示。

图5-210 背景图

图5-211 单击"更换图片"按钮

步骤 03 弹出对话框，选择图片后单击"打开"按钮，如图5-212所示。
步骤 04 在背景显示中单击"平铺"按钮，在背景对齐中单击"居中"按钮，如图5-213所示。
步骤 05 单击"预览"按钮预览添加平铺背景的效果，如图5-214所示。

图5-212 单击"打开"按钮

图5-213 单击按钮

图5-214 添加平铺背景的效果

167

3. 纵向平铺背景

下面介绍如何制作纵向平铺背景。

> 视频路径：视频\第5章\5.8.2\3 纵向平铺背景.mp4
> 知 识 点：纵向平铺背景制作与装修

步骤 01 启动Photoshop，执行"文件"|"新建"命令，弹出"新建"对话框，分别设置宽度和高度为1920像素和100像素，如图5-215所示。

步骤 02 单击"确定"按钮，即创建一个文档，如图5-216所示。

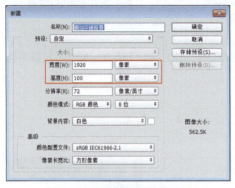

图5-215 设置宽度和高度的参数　　　　　　　　图5-216 创建文档

> **提示** 在淘宝装修中所提到的全屏即指铺满整个电脑屏幕的大小，目前所指最大全屏即宽度为1920像素。

步骤 03 单击前景色，在弹出的拾色器中选择浅粉色（#fceeef），如图5-217所示。

步骤 04 单击"确定"按钮，按Alt+Delete组合键填充前景色。

步骤 05 使用矩形工具，在选项栏中选择工具模式为"像素"，单击 按钮，在打开的面板中单击"固定大小"单选按钮，设置参数为950像素×100像素，选中"从中心"复选框，如图5-218所示。

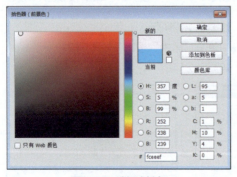

图5-217 选择浅粉色　　　　　　　　图5-218 设置选项栏

步骤 06 新建图层，在画布中绘制矩形，使用选择工具选择两个图层，在选项栏中单击"垂直居中对齐"和"水平居中对齐"按钮，如图5-219所示。图像效果如图5-220所示。

第 5 章 店铺首页视觉设计

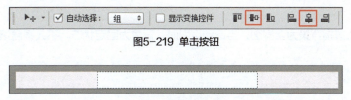

图5-219 单击按钮

图5-220 图形效果

步骤 07 选择矩形所在的图层，单击"添加图层样式"按钮 fx.，在弹出的列表中选择"外发光"选项，如图5-221所示。

步骤 08 在弹出的对话框中设置参数，颜色为#af7a7a，如图5-222所示。

 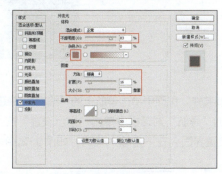

图5-221 选择"外发光"选项　　　　图5-222 设置参数

步骤 09 单击"确定"按钮，效果如图5-223所示。

步骤 10 使用椭圆工具，在背景上绘制不规则分布的圆点，如图5-224所示。

图5-223 外发光效果　　　　图5-224 绘制圆点

步骤 11 执行"文件"|"另存为"命令，将其存储为JPEG格式。

步骤 12 进入"店铺装修"页面，在"页面"选项中更换图片，并单击"纵向平铺"和"居中"按钮，如图5-225所示。

步骤 13 预览添加纵向平铺背景的效果，如图5-226所示。

图5-225 单击"纵向平铺"和"居中"按钮　　　图5-226 添加纵向平铺背景的效果

4. 全屏固定背景

全屏固定背景指背景为全屏图，当滚动页面时，背景为固定状态，不会跟随滚动而改变。

> 视频路径｜视频\第5章\5.8.2\4 全屏固定背景.mp4
> 知 识 点｜全屏固定背景装修

步骤01 选择一张已经准备好的全屏背景图，将其上传到图片空间，如图5-227所示。

图5-227 全屏背景图

步骤02 在"店铺装修"页面中单击导航上的"编辑"按钮，如图5-228所示。

步骤03 在打开的"导航"对话框中单击"显示设置"按钮，进入显示设置界面，在下方输入代码，如图5-229所示。

图5-228 单击"编辑"按钮

图5-229 输入代码

步骤04 打开图片空间，选择图片，单击"复制链接"按钮，如图5-230所示。

步骤05 在"url（ ）"括号中按Ctrl+V组合键粘贴背景图片的地址，单击"确定"按钮，预览全屏固定背景装修效果，如图5-231所示。

图5-230 单击"复制链接"按钮

图5-231 全屏固定背景装修效果

在"url（ ）"括号中粘贴背景图片的地址，这里的地址一定要是淘宝图片空间的地址，否则将无法读取。

第 **6** 章

详情页视觉设计

一般情况下,买家通过淘宝点击宝贝后进入的就是宝贝的详情页。详情页是决定买家是否购买的关键因素,因此详情页的视觉设计是装修的重中之重,本章将介绍详情页的视觉设计方法。

6.1 详情页设计

详情页设计至关重要,对于大多数淘宝卖家来说,宝贝详情页是其命脉所在,有好的详情页,才会有高的成交量与转化率。

6.1.1 详情页分析

宝贝详情页是打开宝贝后对宝贝进行展示与介绍的页面,图6-1所示为默认的宝贝详情页面。

图6-1 默认的宝贝详情页面

一个宝贝详情页通常包括以下几点。

1. 左侧模块

左侧模块通常会用来添加联系客服、宝贝分类和宝贝排行榜等信息。在左侧模块中可添加"自定义内容区"模块来丰富详情页,合理地利用店铺每个角落。每个宝贝详情页打开后,左侧的模块都是相同的。

2. 右侧模块

宝贝详情页的页面右侧模块为主要展示区,用来展示宝贝,宽度为750像素,高度自定。右侧固有的"宝贝描述信息"和"宝贝相关信息"模块都不可删除也不可编辑,但可以在右侧模块中添加"自定义内容区"模块。打开不同的宝贝,其详情页的右侧模块区域均不同。

宝贝描述信息

宝贝描述信息是在发布每款宝贝时填写的内容,如图6-2所示。手机端店铺的宝贝描述需要另外发布,如图6-3所示。

图6-2 宝贝描述区

图6-3 手机端宝贝描述

当然，对出售中的宝贝也可修改宝贝描述信息。在"出售中的宝贝"中单击宝贝后的"编辑宝贝"按钮，如图6-4所示，即可跳转到修改页面。

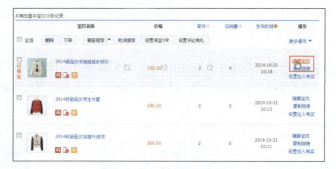
图6-4 单击"编辑宝贝"按钮

宝贝相关信息
宝贝相关信息用来显示宝贝的成交记录，该模块不可删除也不可更改。

6.1.2 设计要点

1. 引发兴趣

当客户点击商品进入详情页之后，怎么能够引发他的兴趣？首先详情页要做到让客户第一眼看过去就明白商品是什么及商品的使用对象是谁。

焦点图

创意性的海报焦点图，这是吸引眼球的第一步，引起客户兴趣的焦点图可以是产品的热销盛况、电视媒体的报道或推荐、产品的升级更新等，如图6-5所示，美即面膜是将品牌销量优势放在了详情页的最前面。

图6-5 销量优势引起客户兴趣

买给谁用

要迅速告知消费者这个商品的目标客户是谁，即买给谁使用，图6-6所示为海报图中明确表明了产品适用人群。

图6-6 买给谁使用

 有时商品的使用者和购买者并不是同一个人，如礼品类商品，这时在做详情描述时就需要清楚地界定客户对象。

2. 激发潜在需求

客户开始对这件商品产生兴趣还并不能说明什么，我们需要进一步激发他们的潜在需求。激发客户潜在需求，可能是通过产品功能介绍，如图6-7所示，也可能是通过情感营销，如图6-8所示。

图6-7 产品功能激发潜在需求　　　　　　　图6-8 情感营销激发潜在需求

3. 从信任到信赖

客户对产品产生兴趣后，接下来就是让他对店铺或商品从信任到信赖的过程。

商品细节取得逐步信任

从哪些角度展示商品细节才能让买家了解商品呢？买家在实体店购买时会关注哪些细节，你就要展示哪些细节，尽量全面，让买家了解的商品细节越多，买家对你就越信任。图6-9所示的商品细节展示中，整体正面包装、技术优势和使用方法都表明出来了，考虑很周全。

第 **6** 章 详情页视觉设计

图6-9 商品细节

挖掘买家痛点

痛点设计就是假设买家不买这个商品会有什么痛苦,做痛点设计是最能打动消费者的。如图6-10所示,看了这个痛点设计,是不是想赶紧补水?

挖掘产品卖点

挖掘产品卖点就是针对买家痛点为商品做卖点设计和优点设计,告诉买家为什么要购买这个商品,我们的商品有什么好处,如图6-11所示。

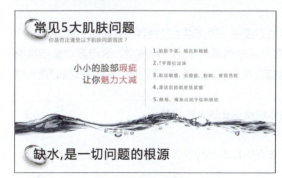

图6-10 挖掘买家痛点

图6-11 挖掘产品卖点

同类商品对比

如果前面的商品描述已经说得买家很动心了,那么他为什么要买你店铺的商品而不是别人家

175

的呢？所以，如果与同类商品相比有独特的优势的话，一定要做对比，包括价格对比、价值对比和功能对比等，都可以。美即这款面膜没有做同类型商品的对比，但在其他品牌产品描述中经常可以看到这样的优势对比，如图6-12所示。

第三方评价促进信任

你说你的产品好，买家不一定会信，这时第三方评价的作用就凸显出来了，如购买过商品的客户评论、权威机构对商品的评价和达人测评等，都有助于提升买家对产品的信任值，如图6-13所示。

图6-12 同类商品对比

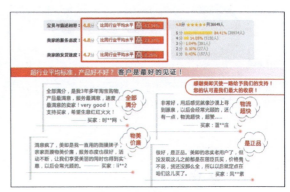

图6-13 采用第三方评价

商品的非使用价值

商品有使用价值和非使用价值，商品的非使用价值是提高客单价的一个重要突破口，一般一个商品的非使用价值可以从以下几个方面挖掘。

- 品牌附加值。一个LV的包能卖几万元，普通品牌与它相比，差距真的在质量吗？并不是，它们的区别在于LV的标志，仅仅凭借这个名字和标志，它就可以值这么多钱，这就是品牌附加值。
- 身份和地位的象征。开奥迪和奥拓，给人的感觉是完全不一样的，20万元的车，我们可能要考虑它的车型、性能和油耗等情况，超过40万元以上呢？车本身的价值还有多少提升空间？再多出来的就是身份和形象价值了。上面所说的LV这种奢侈品牌也是同样的道理，不贵怎么体现身份和形象？
- 情感。商品背后所体现的一种爱、一种关心或者一种情感也是顾客所看重的一种因素。
- 感觉。淘宝什么样的商品都有，很多客户买东西看的就是一种感觉，这点看女装市场原创、文艺和复古等各种风格小而美的店铺百花齐放就知道了，所以装修的时候我们强调过营造氛围的意义。
- 面子。中国人是很讲面子的，最直观的体现就是在送礼的包装上。

从信赖到强烈想"占有"

一般当客户对店铺和商品产生信赖之后，成交的几率已经很大了，那么怎么加强这个感觉，强化信任关系呢？

塑造拥有后的感觉

在商品描述中可以塑造消费者购买这个商品后的感觉，让消费者有代入感，如图6-14所示。例如，推销茶叶的，要随时准备茶具，给顾客沏上一杯香气扑鼻的浓茶，顾客一品茶香并体会茶的美味，就会产生购买欲；推销房子的，要带顾客参观房子；餐馆的入口处要陈列色香味俱全的精制样品,让顾客倍感商品的魅力,就能唤起他的购买欲。

给出客户掏钱下单的理由

如果可以,请列出客户掏钱买单的理由,如送家人、送朋友和只此一家别无分号等,如图6-15所示。

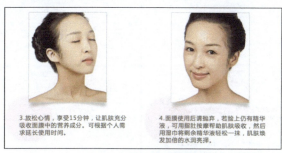

图6-14 塑造使用后的感觉

图6-15 给出掏钱下单的理由

4. 替客户做决定

对于一些犹豫不决、迟迟不肯下单只差临门一脚的客户,我们就要发挥主动权,帮助客户做决定了。

品牌介绍

品牌实力展示可以增加客户对你的信任,提高客单价,如图6-16所示。

图6-16 品牌介绍

发出购买号召

购买号召就是告诉客户要现在、立刻、马上在我这里购买,最好的办法就是营造紧张的气氛,例如,数量有限、库存紧张和欲购从速等,如图6-17所示。当然这种做法是在前面的商品描述中,客户对你的商品已经产生了充分信任的前提下才能起作用。

图6-17 发出购买号召

购物须知

购物须知就是告诉客户一些与购物相关的合约，如如何发货、如何退换货和有哪些售后服务等，这些东西可能没多少人会看，但为了避免以后发生不必要的纠纷，还是有必要告诉买家，如图6-18所示。

图6-18 购物须知

关联推荐

看完整个商品描述，还是有客户可能不买，但是能坚持看完也说明他有相关的购买意向，此时可以介绍跟这款商品相关的商品，如图6-19所示。

图6-19 关联推荐

有些产品根据不同的特点和时间点，其逻辑顺序也不太一样，切忌生搬硬套，只要商品描述中需要这些因素，就可以灵活搭配。如销售服装，基本来买的人都会问自己穿什么尺码，所以从客户实用和客服工作效率上考虑，需要把尺码介绍放在商品描述的前面。总之要站在客户角度，如何描述能一步步打动客户，让其有逐步往下看的欲望才是关键。

6.1.3 制作流程

下面介绍详情页的制作流程。

1. 确定风格

根据店铺的活动、商品特色、节日和季节来确定详情页的风格。

2. 收集素材

平常养成素材收集的习惯，以免在装修时寻找素材而浪费大量时间。对于好的装修图可以截取或保存下来，便于参考，以及寻找灵感，如图6-20所示。

图6-20 素材

3. 页面布局

对页面进行布局，布局可以参考电脑端详情页的布局要求。

4. 确定配色

选择合适的配色风格，要避免使用深色系。或者直接根据店铺端详情来确定配色。

5. 排版设计

使用Photoshop或淘宝神笔对详情页进行制作，以及对图片和文字进行排版。

6. 切片存储

制作好详情图后，切片并存储，需要添加链接、替换为网络图片的再通过Dreamweaver进行编辑操作。

7. 上传完成

将详情上传到"宝贝发布页"面中，发布宝贝即完成了详情页的装修。

6.2 "神笔"详情页装修

淘宝神笔是淘宝专为卖家提供宝贝详情描述模板的工具，使用它可以快速、便捷地做出具有设计美感的详情页。

6.2.1 使用详情页模板

下面介绍使用"神笔"模块生成详情页的方法。

- 视频路径：视频\第6章\6.2.1使用详情页模板.mp4
- 知 识 点：使用详情页模板

步骤 01 在"宝贝发布"页面中，单击宝贝描述模块中的"模板编辑"按钮，如图6-21所示。

步骤 02 在下方单击"立即使用"按钮，如图6-22所示。

图6-21 单击"模板编辑"按钮　　　　图6-22 单击"立即使用"按钮

步骤 03 进入"淘宝神笔"宝贝详情编辑器，在下方选择一个模板，如图6-23所示。

步骤 04 在跳转的页面中单击"立即使用"按钮，如图6-24所示。

图6-23 选择模板　　　　图6-24 单击"立即使用"按钮

步骤 05 打开编辑页面，在右侧的"模块管理"中可以选择删除模块，或调整模块的位置，如图6-25所示。

步骤 06 选择中间的详情，在图片上单击，再单击左侧的"改换图片"按钮可更换图片，如图6-26所示。

图6-25 模块管理　　　　图6-26 更换图片

步骤 07 单击文字部分，在左侧可以修改文字内容及字体、大小和颜色等，如图6-27所示。

步骤 08 编辑完成后，单击右上角的"预览"按钮可预览效果，如图6-28所示。

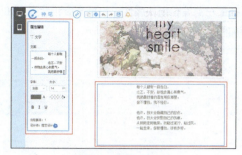

图6-27 修改文字内容

图6-28 单击"预览"按钮

6.2.2 自定义模板制作详情页

自定义模板也就是空白模板，您可以在这空白的画布上自由设计、排版和编辑，通过图文的自由组合，制作出您心目中的最美详情页！真正做到和Photoshop一样使用自如，但比Photoshop更简单易用。尤其适合有美工或有设计能力的卖家。

> 视频路径：视频\第6章\6.2.2自定义模板制作详情页.mp4
> 知 识 点：自定义模板制作详情页

步骤 01 在浏览器的地址栏中输入https://xiangqing.taobao.com/，进入"淘宝神笔"页面，选择上方的"模板管理"选项，如图6-29所示。

步骤 02 在打开的页面中单击左侧的"自定义模板"按钮，在右侧单击"使用自定义模板"按钮，如图6-30所示。

图6-29 选择"模板管理"选项

图6-30 单击"使用自定义模板"按钮

步骤 03 选择一个宝贝，单击"编辑电脑详情"按钮，如图6-31所示。

步骤 04 在打开的页面中单击"添加模块"按钮，如图6-32所示。

图6-31 单击"编辑电脑详情"按钮

图6-32 单击"添加模块"按钮

步骤 05　添加模块后，可在最左侧编辑模块属性，包括高度和背景，如图6-33所示。

步骤 06　单击顶部的"添加图片"按钮，如图6-34所示。

图6-33　编辑模块属性

图6-34　单击"添加图片"按钮

> 提示：单击模块底部的圆圈，上下拖动可以调整模块的高度，如图6-35所示。

图6-35　拖动调整高度

步骤 07　在打开的对话框中选择图片，如图6-36所示。

步骤 08　添加图片后效果如图6-37所示。

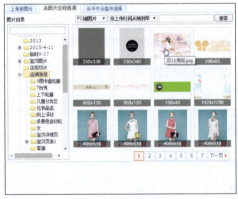

图6-36　选择图片

图6-37　效果

步骤 09　选择图片，在左侧可以编辑图片属性，如图6-38所示。

步骤 10　单击顶端的"添加链接"按钮，如图6-39所示。

步骤 11　调整需要链接的热点区域，如图6-40所示。

图6-38　编辑图片属性

图6-39　单击"添加链接"按钮

图6-40　调整区域

步骤 12　选择区域，在左侧编辑链接地址，如图6-41所示。
步骤 13　在最右侧双击模块名称，即可重命名模块，如图6-42所示。
步骤 14　单击中间底部的"添加模块"按钮可继续添加模块，如图6-43所示。

图6-41　编辑链接地址

图6-42　重命名模块

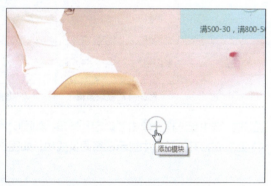
图6-43　单击"添加模块"按钮

步骤 15　单击顶部的"添加文字"按钮可以添加文字，如图6-44所示。
步骤 16　选择组件，单击如图6-45所示的按钮，可以置顶或置底组件。

图6-44　单击"添加文字"按钮

图6-45　单击按钮

> **提示** 顶部的"添加图片"和"添加文字"按钮,只有在选择模块时才可用,否则选择组件时为灰色显示,表示不可用,如图6-46所示。同样,"置顶"和"置底"按钮只有在选择组件时才可用。

图6-46 灰色不可用

步骤 17 在最右侧可以对模块进行上下移动、复制和删除等操作,如图6-47所示。

步骤 18 单击"预览"按钮,预览装修效果。单击"同步详情"按钮,如图6-48所示。

图6-47 模块编辑　　　　　图6-48 单击"同步详情"按钮

步骤 19 选中复选框,单击"确定"按钮,如图6-49所示。

步骤 20 在打开的页面中显示已经同步成功,如图6-50所示。

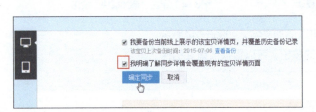

图6-49 单击"确定"按钮　　　　　图6-50 同步成功

6.3 设置详情直达导航

在详情页设置快速导航可以方便买家快速找到想要的信息。

- 视频路径:视频\第6章\6.3设置详情直达导航.mp4
- 知 识 点:设置详情直达导航

第 **6** 章 详情页视觉设计

步骤 01 打开一个宝贝页面,在右侧显示了"该宝贝还未设置详情导航",如图6-51所示。
步骤 02 单击"立即设置详情导航"按钮,如图6-52所示。

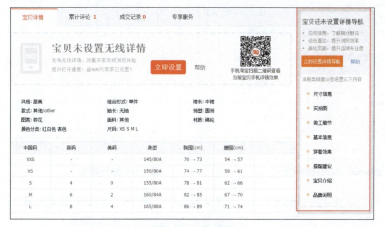

图6-51 右侧显示　　　　　　　　　图6-52 单击按钮

步骤 03 进入宝贝编辑页面,在宝贝描述下单击"详情导航"按钮,在展开的列表中单击"新建模块"按钮,如图6-53所示。
步骤 04 在跳转的页面中填写信息,单击"新增并立即使用"按钮,如图6-54所示。

图6-53 单击"新建模块"按钮　　　　图6-54 单击"新增并立即使用"按钮

步骤 05 此时,在宝贝描述中即新增了设置的模板,如图6-55所示。

图6-55 新增了设置的模板

步骤06 用同样的方法,还可以设置其他模板,如图6-56所示。

步骤07 保存设置,进入宝贝页面,右侧显示了"快速直达"的导航,如图6-57所示。

图6-56 设置其他模板

图6-57 显示导航

步骤08 对于新增的模板,也可以使用到其他宝贝上,在宝贝描述中,将光标定位到相应的位置,选择"详情导航"下的一个任意选项,如图6-58所示。即可在原内容前添加导航菜单。

步骤09 另外,还可以对已建的模板进行修改,单击"管理模板"链接,如图6-59所示。

图6-58 选择任意选项

图6-59 单击"管理模板"链接

步骤10 进入页面,在该页面中可以对已有的模板进行编辑和删除等操作,也可以新建模板,如图6-60所示。

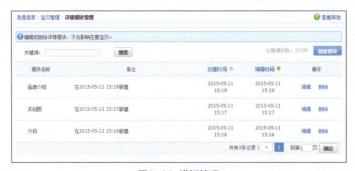

图6-60 模板管理

第 7 章

手机淘宝视觉设计

手机在我们的生活中有着无法取代的地位，因手机购物的快捷、方便及无处不在，使得手机淘宝越来越普遍。2014年年初，淘宝手机端总流量已经超过电脑端，这代表着移动互联时代已经来临，并迅猛发展着，因此手机淘宝的视觉设计必将成为重中之重。

7.1 手机淘宝

由于手机屏的特征以及手机上网购物的界面要求，手机淘宝的视觉设计与电脑端淘宝有着很大的区别。

7.1.1 手机端与电脑端的区别

很多卖家会把店铺电脑端的图片直接搬到手机淘宝来用，因此出现尺寸不合、效果不好和体验不佳的问题。手机淘宝的图片看似小，其实大有玄机，对最终成交起到关键性作用。

- **尺寸的不同**：手机屏的大小要求着手机淘宝装修的尺寸，尺寸不合适会造成界面混乱，浏览不佳的问题。
- **布局的不同**：手机淘宝根据受众的需求，要做到快时间预览，快速阅读，操作方便，这就决定布局要简洁、明了，摒弃不必要的装饰。
- **详情的不同**：电脑端会通过较多的文字说明产品的卖点、店铺促销和优惠等信息，但手机淘宝详情要用精简的文字，与较多的图片信息将详情阐述。
- **分类的不同**：分类结构明确，模块划分清晰，体现少而精特点，其中以图片突出体现。
- **颜色的不同**：很多电脑端会用深色系体现店铺的风格和高档的品质等；而手机端由于浏览面积小，视觉受限，因此店铺颜色要鲜亮，才能使消费者有愉悦感。

7.1.2 手机店铺装修要点

与电脑端营销相比，无线端营销更注重顾客体验。不论是文字还是页面的装修和排版等方面，都要比电脑端更为严格。要做好无线端，首先要做好的是视觉营销，装修是第一步，如何做好无线装修，这是赢取手机流量的关键所在。

1. 首页

与电脑端从左到右的浏览习惯不一样，手机端的屏幕较小，浏览的习惯一般都是从上到下的。如果都是双列宝贝，或者用双列图片展示宝贝的，用户的兴趣度和体验趣味性就会大大降低。利用无线装修，可以巧用各种大模块的组合，像焦点图和左文右图、多图等模块，使手机淘宝首页显得更有趣味性。

首页装修的技巧在于以下几点。

- **店标**：店标是店铺的标志，我们也许会觉得在淘宝网店中，店标的用处不大，但在手机店铺中，店标显示在店铺首页最上方且显眼的位置，买家在逛淘宝店时，一眼就会看到店标。店标应颜色鲜艳、主题简明，这样不仅可以吸引买家的目光，也能更好地宣传店铺。
- **店名**：手机端的屏幕尺寸有限，所以店名不要过长，过长的店名可能在手机端会显示不完全，还会减弱整个店铺的品牌效应。
- 在模块上的选择上，可以选取大模块和从上而下的排列效果。

2. 详情页

手机详情页的制作，是增加无线端宝贝和店铺的加权点之一，为店铺引流的"武器"所向。当我们查看没有做手机详情页的宝贝时，因为同步电脑的详情页的原因，会出现字体不整齐，图片动来动去及体验效果不佳等情况。重新做了手机宝贝详情页后，图片和文字将更清晰、有条理，用户体验也会更好。

- 当需要添加的文字太多时，建议使用纯文本的方式编辑，这样看起来更清晰。
- 建议图片的尺寸为480像素×620像素，高度小于960像素。
- 考虑屏幕的大小，尽量做到一张图片刚好占满一个屏幕，令买家注意力集中，从而锁住用户眼球。
- 手机端图片少，买家浏览的速度快，突出产品颜色，冲击视觉效果。
- 完善宝贝主图。通过5张主图把产品所有的信息都展现得淋漓尽致，更有利于提高买家的购买欲、下单率。

7.2 手机淘宝首页装修

手机淘宝店铺首页与电脑端首页装修不同，下面进行讲解。

7.2.1 首页模块的使用

手机店铺首页包含20个模块，可以根据需要来选择相应的模块。

> 视频路径：视频\第7章\7.2.1首页模块的使用.mp4
> 知 识 点：首页模块的使用

步骤 01 进入"卖家中心"页面，单击"手机淘宝店铺"链接，如图7-1所示。
步骤 02 在打开的页面中单击"立即装修"按钮，如图7-2所示。
步骤 03 在打开的页面中选择"店铺装修"选项，然后单击右侧的"店铺首页"按钮，如图7-3所示。

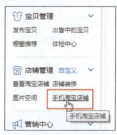
图7-1 单击"手机淘宝店铺"链接

图7-2 单击"立即装修"按钮

图7-3 单击"店铺首页"按钮

步骤04　进入装修页面，左侧为模块选择，中间为实时预览，右侧为编辑操作，如图7-4所示。
步骤05　单击左侧的"单列宝贝"模块，如图7-5所示。

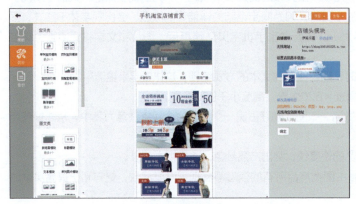

图7-4　装修页面　　　　　　　　　　　　　图7-5　选择模块

步骤06　将其拖动到中间的手机界面中，如图7-6所示。
步骤07　选择模块，单击模块上的上下箭头可调整模块的位置，如图7-7所示。
步骤08　在最右侧可以编辑模块的内容，如图7-8所示。

图7-6　拖动到手机界面中　　　　图7-7　单击上下箭头　　　　图7-8　编辑模块

7.2.2　店招的设计

无线店铺的店招大小为640像素×200像素，制作效果如图7-9所示。

图7-9　店招制作效果

第 7 章 手机淘宝视觉设计

- 视频路径：视频\第7章\7.2.2店招的设计.mp4
- 知 识 点：店招的设计

步骤01 启动Photoshop，新建空白文档，设置文档尺寸为640像素×200像素。

步骤02 单击"确定"按钮。按Ctrl+O组合键打开一张素材图片，如图7-10所示。

步骤03 将其拖入到"店招"文档中，并按Ctrl+T组合键调整图片大小，如图7-11所示。

图7-10 打开素材　　　　　　　　　　图7-11 拖入店招

步骤04 使用自定形状工具，在选项栏中设置填充颜色为白色，描边颜色为10%灰，单击形状后的三角按钮，在展开的类别中选择"云彩1"，如图7-12所示。

图7-12 选择形状

步骤05 在画布中单击并拖动鼠标，绘制一个云朵形状，如图7-13所示。

图7-13 绘制云朵

步骤06 用同样的方法，使用自定形状工具，选择"云彩2"及"五彩屑纸"绘制其他的图形，如图7-14所示。

图7-14 绘制其他图形

步骤07 使用横排文字工具依次输入文本,完成制作,完成效果如图7-15所示。

步骤08 将图片保存为JPEG格式,并上传到图片空间。

步骤09 进入"无线装修"页面,选择页头,在右侧的编辑区域中单击"添加"图标,如图7-16所示。

图7-15 完成效果

图7-16 单击图标

步骤10 在打开的对话框中选择图片,单击"上传"按钮上传图片,如图7-17所示。

步骤11 单击"确认"按钮,即完成了店招的装修,如图7-18所示。

图7-17 上传图片

图7-18 完成店招装修

7.2.3 焦点图设计

焦点图也就是海报图。

1. 视觉要点

手机淘宝焦点图与电脑端海报图的设计类似,总体的设计要求可参考前面的章节。需要重点说明的有以下几点。

- **主题突出**:无论是产品还是促销,海报的主题要简明、突出,可以通过对字体进行加粗、使用对比颜色等处理方式来体现。
- **色彩鲜明**:使用鲜明的颜色来吸引浏览者目光。由于手机屏幕较小,制作手机焦点图时切忌使用暗沉的颜色。

2. 设计制作

下面使用"焦点图"模块制作手机店铺的轮播海报图,效果如图7-19所示。

第 **7** 章 手机淘宝视觉设计

图7-19 最终效果

> 视频路径：视频\第7章\7.2.3焦点图设计.mp4
> 知识点：焦点图设计

步骤 01 启动Photoshop，按Ctrl+N组合键打开"新建"对话框，设置宽度和高度为608像素×304像素，如图7-20所示。

步骤 02 单击"确定"按钮。按Ctrl+O组合键打开素材图片，将其拖动到前面新建的文档中。

步骤 03 按Ctrl+T组合键调整图片的大小，如图7-21所示。

图7-20 设置参数　　　　　　　　　　图7-21 调整图片的大小

步骤 04 按Enter键确认调整。新建图层，使用矩形选框工具绘制选区，如图7-22所示。

步骤 05 设置前景色为白色，按Alt+Delete组合键填充前景色。在"图层"面板中修改不透明度参数为80%，效果如图7-23所示。

图7-22 绘制选区　　　　　　　　　　图7-23 填充颜色并修改不透明度

 按Ctrl+D组合键结束选区。

193

使用横排文字工具输入文本并修改颜色。新建图层,绘制矩形,最终效果如图7-24所示。

图7-24 最终效果

步骤 06 用同样的方法,制作其他海报图,如图7-25所示。
步骤 07 在"图文类"模块下选择"焦点图模块",将其拖动到右侧的手机中,如图7-26所示。
步骤 08 在右侧的编辑区域中单击"添加图片"图标,如图7-27所示。在打开的对话框中选择海报图。

图7-25 制作其他海报　　图7-26 拖入"焦点图模块"　　图7-27 单击图标

步骤 09 新增列表,添加其他海报图,如图7-28所示。
步骤 10 此时左侧的手机中显示效果如图7-29所示。单击"保存"按钮后发布装修,效果如图7-30所示。

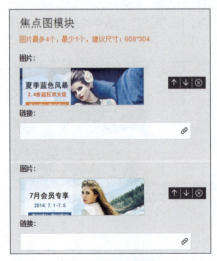  

图7-28 添加海报图　　图7-29 显示效果　　图7-30 发布效果

7.2.4 优惠券设计

下面使用"多图"模块制作手机店铺的优惠券,图7-31所示为优惠券装修效果。

图7-31 装修效果

> 视频路径:视频\第7章\7.2.4优惠券设计.mp4
> 知 识 点:优惠券设计

步骤 01 打开Photoshop,执行"文件"|"新建"命令,在打开的对话框中设置宽度和高度的参数为248像素×146像素,如图7-32所示。

步骤 02 单击"确定"按钮。设置前景色为粉色,填充粉色,如图7-33所示。

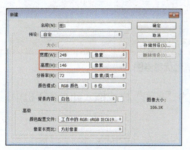

图7-32 设置宽度和高度的参数

图7-33 填充粉色

步骤 03 新建图层,使用钢笔工具随意绘制形状并填充颜色,并在"图层"面板中降低不透明度,效果如图7-34所示。

步骤 04 使用圆角矩形工具绘制一个填充色为黄色的圆角矩形,如图7-35所示。

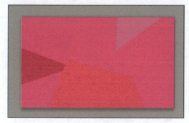

图7-34 绘制形状

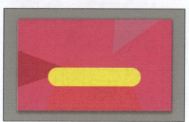

图7-35 绘制圆角矩形

在"图层"面板中选择图层,在上方可调整不透明度,如图7-36所示。

步骤05 使用椭圆工具绘制椭圆并新建图层,使用钢笔工具绘制图形,效果如图7-37所示。

步骤06 使用横排文字工具输入文本,完成制作,如图7-38所示。

图7-36 调整图层不透明度

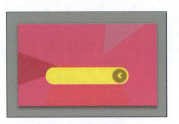

图7-37 绘制形状

图7-38 绘制圆角矩形

步骤07 用同样的方法,绘制其他优惠券图,如图7-39所示。

图7-39 绘制其他优惠券图

步骤08 进入"无线装修"页面,将"图文类"中的"多图"模块拖入到右侧手机中,并调整该模块到最顶端,如图7-40所示。

步骤09 在右侧编辑区域,单击"添加图片"图标,如图7-41所示。

图7-40 添加"多图"模块

图7-41 单击图标

第 7 章 手机淘宝视觉设计

步骤 10 在打开的"编辑图片"对话框中选择图片,如图7-42所示。

图7-42 选择图片

步骤 11 在打开的界面中单击"上传"按钮,如图7-43所示。
步骤 12 此时的模块中即添加了一张优惠券图片,如图7-44所示。
步骤 13 用同样的方法,将其他的图片上传,最终效果如图7-45所示。

图7-43 单击"上传"按钮　　图7-44 添加图片　　图7-45 最终效果

 当右侧的图片列表不够时,单击"新增列表"按钮即可,如图7-46所示。

步骤 14 在右侧的图片下方,设置相应的优惠券链接,如图7-47所示。
步骤 15 设置完成后,单击底部的"确认"按钮对设置进行修改确认,如图7-48所示。

图7-46 单击"新增列表"按钮　　图7-47 设置优惠券链接　　图7-48 单击"确认"按钮

步骤 16 保存并发布装修后可使用手机浏览店铺,测试是否可以滑动及点击。

7.2.5 分类图设计

下面以"双列图片"模块制作宝贝分类。由于手机的屏幕限制，宝贝分类需要简单明了，便于买家选择。图7-49所示为分类图装修效果。

图7-49 分类图装修效果

> 视频路径：视频\第7章\7.2.5分类图设计.mp4
> 知 识 点：分类图设计

步骤 01 启动Photoshop，按Ctrl+N组合键打开"新建"对话框，设置参数，如图7-50所示。
步骤 02 单击"确定"按钮，使用横排文字工具输入多个文本，并根据需要修改文本大小及颜色，如图7-51所示。

图7-50 新建文档

图7-51 输入文字

步骤 03 新建图层，使用矩形选框工具，绘制矩形选区，并填充蓝色，如图7-52所示。
步骤 04 使用横文字工具输入文本，如图7-53所示。

图7-52 绘制矩形

图7-53 输入文字

步骤 05 在"图文类"模块下选择"双列图片"模块,将其拖入到右侧的手机中,如图7-54所示。
步骤 06 右侧中上传图片并选择链接,单击"确认"按钮,如图7-55所示。
步骤 07 左侧的手机中显示了添加图片的效果,如图7-56所示。
步骤 08 用同样的方法,再次拖入"双列图片"模块,并上传图片与链接,如图7-57所示。

图7-54 拖入"双列图片"模块

图7-55 单击"确认"按钮

图7-56 效果

图7-57 最终效果

7.2.6 首页备份

手机店铺备份是最新功能,实时备份可以方便日后的找回与恢复。

> 视频路径:视频\第7章\7.2.6首页备份.mp4
> 知识点:首页备份

步骤 01 在右上角单击"保存"按钮,在展开的列表中选择"备份"选项,如图7-58所示。
步骤 02 在弹出的对话框中输入备份名称,单击"确定"按钮,如图7-59所示。

图7-58 选择"备份"选项

图7-59 单击"确定"按钮

步骤 03 备份后,选择装修后台左侧的"备份"选项,即可显示已备份的模板,如图7-60所示。
步骤 04 单击后右侧手机界面中显示备份模板的效果,单击右上角的"恢复使用该模板"按钮,如图7-61所示,即可恢复到该模板效果。

图7-60 显示已备份的模板

图7-61 单击"恢复使用该模版"按钮

7.3 手机详情页装修

很多人认为编辑了电脑详情页后手机店铺也可以显示该宝贝详情，但是由于手机与电脑的图片尺寸要求不同，很多宝贝的详情页出现图片不显示或排版错乱的情况。因此，为了使手机用户获得更好的购物体验，手机详情页的装修势在必行。

7.3.1 导入电脑端详情

已经装修了电脑详情的宝贝，可以将其生成手机详情页。

> 视频路径：视频\第7章\7.3.1导入电脑端详情.mp4
> 知 识 点：导入电脑端详情

步骤01 在发布宝贝填写宝贝描述时，单击"电脑端"下方的"生成手机版宝贝详情"按钮，如图7-62所示。

步骤02 在弹出的对话框中单击"确认生成"按钮，如图7-63所示。

图7-62 单击"导入电脑端宝贝详情"按钮

图7-63 单击"确认生成"按钮

步骤03 手机端的详情页就自动生成了，如图7-64所示。

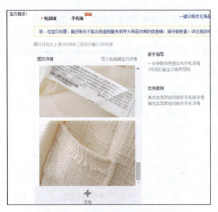

图7-64 自动生成的手机详情页

7.3.2 模板生成详情

手机店铺详情页也可以使用"淘宝神笔"的模板直接生成，与电脑端不同的是，手机端包含了"SKU区"和"自运营区"两个不同的功能。

1. SKU

SKU也就是我们通常说的最小存货单元，例如纺织品中每个规格、颜色和款式的商品都有一个不同的SKU，数码电器产品每一个套餐也都是一个SKU。

在详情页的图片上设置SKU，买家在阅览详情的过程中，看到喜欢的商品型号可以直接选中购买，不用来来回回看好几遍型号也记不住了。阅读图片是用户购买欲最强烈的时候，直接选中，减少用户操作步骤，免去用户购买时记不住商品型号和套餐分类的苦恼，最直接提高购买转化率。

> 视频路径：视频\第7章\7.3.2\1 SKU.mp4
> 知 识 点：使用淘宝神笔模板添加SKU

步骤 01 在"发布宝贝"页面，宝贝描述下单击"模板编辑"单选按钮，如图7-65所示。

步骤 02 在切换的界面中单击"立即使用"按钮，如图7-66所示。

图7-65 单击"模板编辑"单选按钮　　图7-66 单击"立即使用"按钮

步骤 03 在打开的对话框中选择一个模板，单击下方的"使用模板"链接，如图7-67所示。

步骤 04 单击"立即使用"按钮，在打开的页面中单击"SKU"按钮，如图7-68所示。

图7-67 单击"使用模板"链接　　图7-68 单击"SKU"按钮

步骤 05 在左侧选择商品属性,右侧则显示了相应的文字,如图7-69所示。

图7-69 设置商品属性

2. 自运营区

除了已有的模块之外,还可以添加"自运营区"模块,包括"店铺优惠券""店铺活动"和"宝贝推荐",但最多只能添加一个运营模块。

| 视频路径 | 视频\第7章\7.3.2\2自运营区.mp4 |
| 知 识 点 | 使用"淘宝神笔"模板添加自运营区 |

步骤 01 在右侧选择"编辑自运营区块"选项,如图7-70所示。
步骤 02 在打开的对话框中显示了3个模块,如图7-71所示。

图7-70 单击"编辑自运营区块"选项

图7-71 "自运营"模块

步骤 03 选择一个模块,单击"下一步"按钮,如图7-72所示。
步骤 04 在打开的对话框中选择4个宝贝,然后单击"确定"按钮,如图7-73所示。

图7-72 单击"下一步"按钮

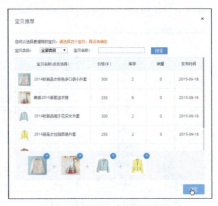

图7-73 单击"确定"按钮

步骤05 单击"预览"按钮,如图7-74所示。

步骤06 在对话框中预览效果,然后单击右上角的×关闭,如图7-75所示。

图7-74 单击"预览"按钮

图7-75 预览效果

 设置模块后,在编辑时只是显示效果图,发布后会显示真实信息。

步骤07 单击右上角的"完成编辑"按钮即可。

7.4 手机店铺其他装修

下面介绍手机店铺的其他装修。

7.4.1 自定义菜单

手机淘宝店铺的菜单在手机界面的最下方,菜单的内容可以自己选择设定。

> 视频路径:视频\第7章\7.4.1自定义菜单.mp4
> 知 识 点:自定义菜单

步骤01 在"无线商家"页面选择"自定义菜单"选项,如图7-76所示。

步骤02 单击"创建模板"按钮,如图7-77所示。

图7-76 选择"自定义菜单"选项

图7-77 单击"创建模板"按钮

步骤 03　在打开的界面中输入模板名称，单击"下一步"按钮，如图7-78所示。
步骤 04　选中分类前的复选框，右侧则显示了效果，如图7-79所示。

图7-78　单击"下一步"按钮　　　　　　　　　　图7-79　选中复选框

步骤 05　在"宝贝分类"下单击"添加子菜单"按钮，如图7-80所示。
步骤 06　输入子菜单名称并选择分类，如图7-81所示。

图7-80　单击"添加子菜单"按钮　　　　　　　　图7-81　选择分类

步骤 07　用同样的方法添加其他子菜单，如图7-82所示。
步骤 08　在右侧手机界面中显示了子菜单的效果，如图7-83所示。
步骤 09　设置完成后，单击"确定发布"按钮，如图7-84所示。

图7-82　添加其他子菜单　　　　图7-83　子菜单的效果　　　　图7-84　单击"确定发布"按钮

7.4.2 手机海报

使用淘宝神笔可以在线编辑快速生成手机海报，它可以通过微信和微博等客户端进行活动传播。

> ▶ 视频路径：视频\第7章\7.4.2手机海报.mp4
> ✎ 知 识 点：制作手机海报

步骤 01 在浏览器地址栏中输入https://xiangqing.taobao.com，进入"淘宝神笔"页面，选择"手机海报"选项，如图7-85所示。

步骤 02 在打开的页面中单击"去模板市场装修海报"按钮，如图7-86所示。

图7-85 选择"手机海报"选项　　　　　图7-86 单击按钮

步骤 03 在打开的页面中选择一个模板，单击"预览"按钮，如图7-87所示。

图7-87 单击"预览"按钮

步骤 04 预览海报效果，单击上下箭头预览其他页面效果，然后单击"开始使用"按钮，如图7-88所示。

步骤 05 打开海报编辑页面，如图7-89所示。

图7-88 单击"开始使用"按钮

图7-89 编辑页面

步骤 06 最左侧显示了所有页面,单击上下箭头可以调整页面的顺序。单击垃圾桶图标可以删除页面,如图7-90所示。

步骤 07 在中间的预览界面中选择一个图片或文字,在右侧单击不同的按钮可以执行组件的删除、排序及复制等操作,如图7-91所示。

图7-90 单击操作

图7-91 组件操作

步骤 08 选择组件后,在最右侧可以对组件进行相应的操作。制作动画效果,单击"编辑动效"按钮,如图7-92所示。

图7-92 单击"编辑动效"按钮

第 7 章 手机淘宝视觉设计

步骤 09 在切换的界面中包含了多种动画效果，如图7-93所示。

步骤 10 编辑完成后单击上方的"预览"按钮可以预览效果，单击"保存"按钮保存海报，如图7-94所示。

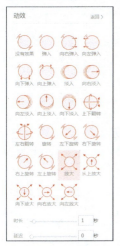

图7-93 动画效果

图7-94 单击按钮

 单击左侧页面上方的"+"按钮可以新增空白页面，单击图7-95所示的图标，可以在页面中添加文字、图片和标签。

图7-95 新增页面

7.4.3 自定义页面装修

自定义页面通常作为活动页面，单独的活动页面可以缩短顾客的购物路径。

- 视频路径： 视频\第7章\7.4.3自定义页面装修.mp4
- 知 识 点： 自定义页面装修

步骤 01 在"无线运营中心"页面中选择左侧的"自定义页面"选项，然后单击右侧的"新建页面"按钮，如图7-96所示。

207

图7-96 单击"新建页面"按钮

步骤 02 在打开的对话框中输入页面名称,单击"确定"按钮,如图7-97所示。

步骤 03 单击"编辑"按钮,如图7-98所示。

图7-97 单击"确定"按钮　　　　　　　　图7-98 单击"编辑"按钮

步骤 04 进入装修后台进行装修,如图7-99所示,装修方法与首页相同,装修完成后单击"发布"按钮即可。

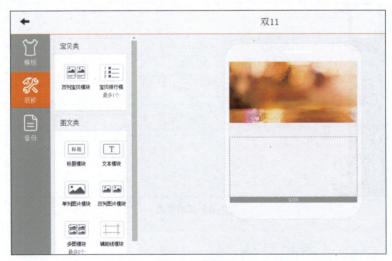

图7-99 装修后台

第**8**章

店铺中的代码

淘宝装修其实就是网页装修,除了在装修后台中添加官方配置的模板外,还可以通过添加代码实现更特别或复杂的装修效果。

8.1 Photoshop切片

Photoshop中的切片在网店装修中起到非常重要的作用。下面进行具体介绍。

8.1.1 切片的作用与技巧

对于一个淘宝美工来说，装修店铺过程中切片的使用是必不可少的。所谓切片是指将大图片切开，使其分解为几张小图片。

1. 切片的作用

- 浏览网店时，页面打开的速度受图片大小的影响很大。将一张大图切成多张小图，可以加快页面图片打开的速度，提高买家体验满意度。
- 便于装修时单一的替换商品，而不影响其他产品。
- 切片后，首页或详情页中的关联商品可以进行一一链接。

2. 切片技巧

- **依靠参考线**：基于参考线的切片比直接手动绘制切片区域更精准。
- **必须切片的区域**：虚线、转角与渐变形状在Dreamweaver中不能实现，只能使用Photoshop切片。
- **特殊文字效果必须切片**：除黑体和宋体外，其他字体必须切片。在浏览器中最有效的字体只有宋体和黑体，其他字体浏览器可能不兼容。

8.1.2 切片与优化存储

下面介绍在Photoshop中切片的操作。

> 视频路径：视频\第8章\8.1.2切片与优化存储.mp4
> 知 识 点：切片与优化存储

步骤01 在Photoshop中按Ctrl+O组合键，在弹出的对话框中打开一张图片，如图8-1所示。

步骤02 按Ctrl+R组合键打开标尺，根据需要切割的区域，从左侧和顶端拖出参考线，如图8-2所示。

图8-1 打开图片

图8-2 拖出辅助线

步骤 03　使用工具箱中的裁剪工具，按住鼠标，在展开的工具组中选择切片工具，如图8-3所示。
步骤 04　在选项栏中单击"基于参考线的切片"按钮，如图8-4所示。

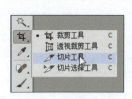
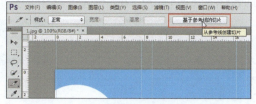

图8-3　选择切片工具　　　　　　图8-4　单击"基于参考线的切片"按钮

步骤 05　图像被切割为多个小块，对于顶部不需要切割的区域还需要将其组合成完整的图片。使用切片选择工具，按Shift键并选择多个切片，单击鼠标右键，执行"组合切片"命令，如图8-5所示。
步骤 06　用同样的方法，将其他需要组合的切片进行组合，按Ctrl+;组合键隐藏参考线，如图8-6所示。

图8-5　执行"组合切片"命令　　　　　　图8-6　组合切片

切片后显示多个蓝色的框，每个框的左上角都标记了数字和图标，这表示每个框所在的区域为一个切片。

步骤 07　使用切片选择工具选择一个切片后，双击鼠标，弹出对话框，在URL中粘贴链接网址，如图8-7所示。
步骤 08　单击"确定"按钮。为其他需要添加链接的切片执行相同的操作。
步骤 09　执行"文件"|"存储为Web所用格式"命令，如图8-8所示。

图8-7　粘贴链接　　　　图8-8　执行"存储为Web所用格式"命令

URL是指单击图片后跳转的网址；目标是指是否在新窗口中打开网址。

步骤 10 打开对话框,为了显示全部切片,在对话框下方单击"缩放级别"三角按钮,在展开的列表中选择"符合视图大小"选项,如图8-9所示。

步骤 11 按Shift键并选择多个切片,在右侧选择"优化的文件格式"为JPEG,如图8-10所示。

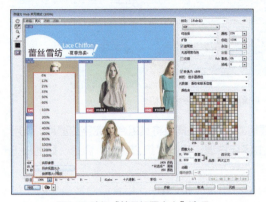 

图8-9 选择"符号视图大小"选项　　　　　　图8-10 选择JPEG

步骤 12 单击"存储"按钮,弹出对话框,选择格式为"HTML和图像",并设置存储路径与文件名,如图8-11所示。

步骤 13 单击"保存"按钮。保存的路径下包含了HTML网页文件和image文件夹,如图8-12所示。image文件夹中为切出的所有小图。

图8-11 选择格式　　　　　　图8-12 保存的路径

8.2 Dreamweaver的使用

Dreamweaver是店铺装修中实现页面链接及动态效果必用的软件之一。

8.2.1 切片生成代码

在Photoshop中完成切片后还需要上传图片到图片空间中,才能在店铺中显示。

- 视频路径:视频\第8章\8.2.1切片生成代码.mp4
- 知 识 点:切片生成代码

第 **8** 章　店铺中的代码

步骤 01　上传图片。进入"卖家中心"页面，单击左侧的"图片空间"链接，如图8-13所示。

步骤 02　在打开的页面上方单击"上传图片"按钮，如图8-14所示。

图8-13 单击"图片空间"链接　　图8-14 单击"上传图片"按钮

建议在上传前新建一个文件夹，以便查找与整理。

步骤 03　在弹出的对话框中单击"点击上传"按钮，如图8-15所示。

步骤 04　弹出对话框，选择所用切片所在的路径，选中所用切片，单击"打开"按钮，如图8-16所示，等待上传完成即可。

图8-15 单击"点击上传"按钮　　图8-16 单击"打开"按钮

步骤 05　选择前面保存的HTML格式的文件，单击鼠标右键，执行"打开方式"|"Adobe Dreamweaver CC"命令，如图8-17所示。

步骤 06　在Dreamweaver中打开后如图8-18所示。

图8-17 执行命令　　　　　　　　图8-18 打开文件

步骤 07 选择一张图片,在"属性"面板中的Src中可以看到图片的地址,如图8-19所示。这个地址是计算机中的文件地址,而不是网络地址,为了能使其他人也看到图片,则需要将该图片的地址换成网络地址。

步骤 08 打开图片空间,找到对应的图片,单击"复制链接"按钮,如图8-20所示。

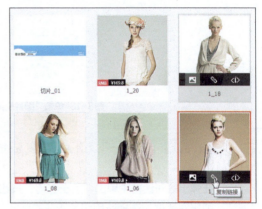

图8-19 查看Src地址　　　　　　　　　　　图8-20 单击"复制链接"按钮

 切片的命名_04代表的是第4个切片,在找对应的切片时注意图片名称可以避免出错。

步骤 09 回到Dreamweaver中,在Src中粘贴复制的链接,如图8-21所示。

步骤 10 用同样的方法,将其他图片全部替换为网络地址。对于较小的图片无法选中的情况,可以单击上方的"拆分"按钮,打开拆分视图,在左侧的代码中找到未替换的图片,如图8-22所示。进行替换即可。

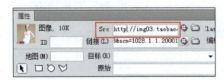

图8-21 粘贴链接　　　　　　　　　　　　图8-22 拆分视图

 代码中img src="",引号中间即为图片地址,替换后的网络地址会以http://开头。

步骤 11 全部替换后,单击"属性"面板中的"刷新"按钮,如图8-23所示。

图8-23 单击"刷新"按钮

8.2.2 热点与链接

很多时候我们会发现图片的切片区域太小,或者切片的区域为不规则图形,这时候就可以使用热点功能了。

> 视频路径:视频\第8章\8.2.2热点与链接.mp4
> 知 识 点:热点与链接

步骤 01 启动Dreamweaver CC,单击"新建"栏下的"HTML"图标,新建HTML文档,如图8-24所示。

步骤 02 执行"插入"|"图像"|"图像"命令,如图8-25所示。

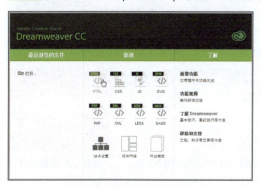

图8-24 单击"HTML"图标

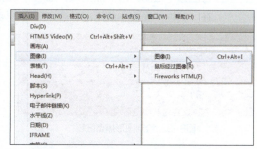

图8-25 执行"插入"|"图像"|"图像"命令

步骤 03 在弹出的对话框中选择图像,单击"确定"按钮,如图8-26所示。

步骤 04 在"属性"面板中修改图片地址,然后使用矩形热点工具,如图8-27所示。

图8-26 选择图像

图8-27 使用矩形热点工具

步骤 05 在图像上的"收藏优惠券"区域拖出一个矩形热点,如图8-28所示。

图8-28 绘制矩形热点

步骤 06 在"属性"面板中粘贴"链接"地址,如图8-29所示。

步骤 07 使用"属性"面板中的椭圆热点工具,如图8-30所示。

> **提示** 选择店铺首页"收藏店铺"图标,单击鼠标右键,执行"复制链接地址"命令,如图8-31所示,即可获得收藏店铺的链接地址。

图8-29 粘贴链接地址

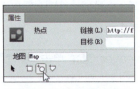
图8-30 使用椭圆热点工具

图8-31 执行"复制链接地址"命令

步骤 08 在图像中绘制圆形热点区域,如图8-32所示。

步骤 09 在"属性"面板中使用指针热点工具,如图8-33所示。调整热点,如图8-34所示。

图8-32 绘制圆形热点区域

图8-33 使用指针热点工具

图8-34 调整热点

步骤 10 在"属性"面板中修改链接地址后复制代码,如图8-35所示。

步骤 11 粘贴到店铺自定义区域中,装修效果如图8-36所示。

图8-35 复制代码

图8-36 装修效果

8.3 源代码装修

也许很多人觉得代码很陌生,甚至认为装修店铺也无需使用到代码,这其实是一种错误的观念。我们在互联网上看到的所有页面都是由代码构建的,淘宝店铺也不例外。当我们制作好图片并上传到淘宝店铺中时,淘宝其实已经通过它的在线编辑器,为上传的图片编写了代码。

在店铺装修中编辑"自定义内容区"模块,添加图片后在对话框中显示的是图片的效果,这是在线编辑器的"正常模式",如图8-37所示。

选中下方的"编辑源代码"复选框，此时可以看到进入"源代码模式"后，淘宝为添加的图片编写的代码，如图8-38所示。

图8-37 正常模式

图8-38 源代码模式

下面介绍具体操作方法。

● 视频路径：视频\第8章\8.3源代码装修.mp4
● 知 识 点：源代码装修

步骤 01 将代码区域中的<body></body>之间的代码选中，单击鼠标右键，执行"拷贝"命令，如图8-39所示。

步骤 02 将代码装修进店铺中。进入淘宝店铺装修后台，在店铺右侧的任意模块上，单击右下角的"添加模块"按钮，如图8-40所示。

图8-39 执行"拷贝"命令

图8-40 单击"添加模块"按钮

步骤 03 在打开的对话框中选择"自定义内容区"，单击右侧的"添加"按钮，如图8-41所示。

步骤 04 在添加的模块右上角单击"编辑"按钮，打开对话框，选中"编辑源代码"复选框，如图8-42所示。

图8-41 单击"添加"按钮

图8-42 选中"编辑源代码"复选框

步骤 05 在文本框中粘贴前面复制的代码,在显示标题后单击"不显示"单选按钮,如图8-43所示。

步骤 06 单击"确定"按钮,单击装修后台右上角的"发布"按钮,弹出对话框,单击"确定"按钮,如图8-44所示。

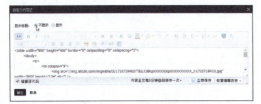

图8-43 单击"不显示"单选按钮

图8-44 单击"确定"按钮

步骤 07 在对话框中单击"查看店铺"按钮,查看装修的效果,如图8-45所示。

图8-45 装修效果

8.4 获取淘宝常见链接代码

本章将介绍如何获取淘宝店铺中常见的链接的代码、ID及二维码等,方便在其他代码中使用。

8.4.1 "宝贝"链接

宝贝的链接是最常用的链接,在"卖家中心"页面单击"出售中的宝贝"链接,展开宝贝列表,单击宝贝后的"复制链接"链接,如图8-46所示,即可复制该宝贝链接。

或者打开宝贝页面,在浏览器的地址栏中即为该宝贝的链接,如图8-47所示。按Ctrl+A组合键,再按Ctrl+C组合键复制后即可使用。

图8-46 单击"复制链接"链接

图8-47 地址栏为宝贝链接

8.4.2 "图片"链接

在店铺装修中经常会用到图片链接。指的是淘宝图片空间中图片的地址,淘宝不支持其他存储空间。

> 视频路径:视频\第8章\8.4.2 "图片"链接.mp4
> 知识点:图片链接

步骤 01 进入图片空间,选择一个图片,单击下方中间的"复制链接"按钮,如图8-48所示,即可复制图片链接。

步骤 02 打开图片,单击"复制链接"文字也可复制图片链接,如图8-49所示。

图8-48 单击"复制链接"按钮

图8-49 单击"复制链接"文字

8.4.3 "购物车"链接

"将商品加入购物车"的链接无法使用前面所讲的方法获取。那如何为商品添加"购物车"链接呢?

> 视频路径:视频\第8章\8.4.3 "购物车"链接.mp4
> 知识点:"购物车"链接

步骤 01 在Dreamweaver代码视图中将所有代码删除,输入文字"加入购物车",并选中文字,在"属性"面板中设置链接,链接的地址为需要添加购物车的宝贝地址,如图8-50所示。

步骤 02 为链接添加样式名"J_CartPluginTrigger",如图8-51所示。

图8-50 设置链接

图8-51 添加样式名

步骤03 添加后可修改文字的样式或将文字修改为图片,这里将文字换成图片,如图8-52所示。

步骤04 复制代码。在"店铺装修"页面中,将代码粘贴到自定义内容区的源码模式中,如图8-53所示。

图8-52 将文字换成图片　　　　　　　图8-53 粘贴代码

步骤05 确定后预览效果,在图片上单击鼠标,弹出对话框,如图8-54所示。

图8-54 预览效果

8.4.4 "分享"链接

"分享"功能是单击"分享"按钮后,页面弹出一个分享对话框,在对话框中可以将店铺和宝贝等分享到淘宝动态、新浪微博和搜狐网等网站中。下面介绍"分享"链接的获取方法。

- 视频路径：视频\第8章\8.4.4"分享"链接.mp4
- 知 识 点："分享"链接

步骤01 在浏览器的地址栏中输入sns.taobao.com,进入淘宝sns组件平台,如图8-55所示。

步骤02 单击"组件中心"按钮,切换页面,如图8-56所示。

 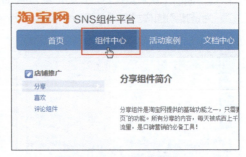

图8-55 进入淘宝sns组件平台　　　　　图8-56 单击"组件中心"按钮

步骤03 在页面下方选择一种外观,在右侧有相应的效果预览,选择外观后单击"复制代码"按钮,如图8-57所示。

步骤04 从右侧的配置项中可以得知,我们复制的代码中还有多个必填选项需要填写,如图8-58所示。

图8-57 单击"复制代码"按钮　　　图8-58 配置项

步骤05 将复制的代码粘贴到Dreamweaver中,填写这些参数完成代码。将代码装修到店铺中即可。

 分享商品时type填写item,key填写宝贝的ID;分享店铺时type填写shop,key填写店铺的ID;分享活动时type填写webpage,key填写页面地址。

8.4.5 "评论"链接

"评论"链接相当于制作一个留言板,买家评论后即会显示评论内容。

- 视频路径:视频\第8章\8.4.5 "评论"链接.mp4
- 知 识 点:"评论"链接

步骤01 在淘宝sns组件平台"组件中心"页面,选择"评论组件"选项,如图8-59所示。

步骤02 跳转页面,在页面下方显示了"外观预览"和代码,如图8-60所示。

图8-59 选择"评论组件"选项　　　图8-60 显示"外观预览"和代码

步骤 03 在代码上方包含3个选项,"标签""JS API"和"Iframe",我们只需要"标签"中的内容。

步骤 04 同样,右侧的配置项中显示了需要填写的内容,如图8-61所示。

步骤 05 单击"复制代码"按钮将代码复制,并粘贴到Dreamweaver代码视图的<body>与</body>之间,将参数修改,如图8-62所示。

步骤 06 将代码复制粘贴到店铺自定义内容区中,发布查看效果,如图8-63所示。

图8-61 配置项

图8-62 复制并粘贴代码

图8-63 查看效果

从发布的效果看出默认评论区的宽度和高度都是自动的,这就还需要我们控制它的宽度和高度。在评论组件外面套一个框,将框的大小设置为我们需要的大小,然后为这个框添加超出overflow:auto。即如果框中内容超出框的大小,则浏览器会显示滚动条以便查看其余的内容。代码及效果如图8-64所示。

图8-64 代码及效果

8.4.6 "喜欢"链接

"喜欢"链接包括商品、店铺及活动3种。

> ◎ 视频路径 视频第8章\8.4.6 "喜欢"链接.mp4
> ✎ 知 识 点 "喜欢"链接

步骤 01 在淘宝sns组件平台"组件中心"页面,选择"喜欢"选项,如图8-65所示。

步骤 02 选择一种代码,单击下方的"复制代码"按钮,如图8-66所示。

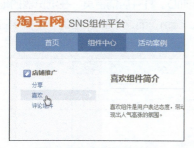

图8-65 选择"喜欢"选项

图8-66 单击"复制代码"按钮

步骤03 将代码粘贴到Dreamweaver中,将商品ID修改即可将代码应用到店铺中了。

8.4.7 客服"旺旺"链接

我们在店铺中会添加客服的旺旺,而客服的链接如何获取呢?下面进行介绍。

- **视频路径**:视频\第8章\8.4.7客服"旺旺"链接.mp4
- **知 识 点**:客服"旺旺"链接

步骤01 百度搜索"阿里旺旺旺遍天下",进入页面,在该页面中可选择旺旺的动态图片格式,如图8-67所示。

步骤02 填写旺旺用户名及图片提示后,单击"生成网页代码"按钮即可在下方的文本框中生成代码,如图8-68所示。

图8-67 选择旺旺的动态图片格式

图8-68 单击"生成网页代码"按钮

> **提示 Tips**:在生成的代码中href=""引号中的代码为旺旺的链接地址。src=""引号中的代码为旺旺的图片地址。

步骤03 单击"复制代码"按钮后选择文本框中的代码,按Ctrl+C组合键复制即可应用到其他地方。

8.4.8 店铺ID的获取

店铺ID在很多代码中会用到，下面介绍如何获取店铺ID。打开店铺首页，在浏览器的地址栏中可以看到店铺首页的地址：shop106160225.taobao.com，而这个shop后的一串数字就是店铺的ID，如图8-69所示。

图8-69 地址栏显示

8.4.9 商品ID的获取

每个商品都有其ID，下面介绍商品ID的获取。

- 视频路径：视频\第8章\8.4.9商品ID的获取.mp4
- 知 识 点：商品ID的获取

步骤01 在"卖家中心"页面选择出售中的宝贝，将光标移至宝贝的标题上，此时在浏览器左下方的状态栏中即显示了商品的ID，如图8-70所示。

步骤02 打开宝贝详情页面，在地址栏中也显示了商品的ID，如图8-71所示。

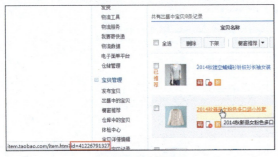

图8-70 状态栏显示

图8-71 地址栏显示